KB062153

1페이지 주가차트

1 PAGE 주가차트

주가차트 초보자를 위한 95가지 매매법

주월 지음

일에일북스

내가 사회초년생일 때부터 일찍이 주식을 시작한 이유는 간단하다. 내가 받는 월급만으로는 평생 직장을 못 벗어나고, 경제적 자유를 얻을 수 없을 것으로 판단했기 때문이다. 그래서 경제적 자유를 실현하기 위해 생각한 가장 현실 가능성이 높은 방법은 3가지였다.

- 부동산투자
- 사업 소득 또는 부업
- 주식투자

부동산투자를 하려니 모아둔 목돈이 없었고, 사업이나 부업을 하자니, 그 당시에 그만한 배짱과 의지는 없었다. 그래서 찾은 답이 주식투자다. 주식시장에는 돈 그 자체가 흘러넘치는 순수한 공간이고, 직장인도 매우 손쉽게 투자에 다가갈 수 있었다.

주식투자를 잘하기 위해 경제를 공부하고, 거시전망에 관련되거나 가치투자에 관련된 책들을 읽었지만 크게 와닿지 않았다. 결국은 결과론적인 이야기로 받아들였던 것 같다. 그러다가 차트 책을 접하게 되었고, 차트는 상대적으로 정직하다고 생각했다.

물론 후행적인 측면이 있을지언정, 그래도 명확한 기준을 세우는 게 가능했다. 그리고 몇 년간, 수만 개의 주가차트를 보면서 살아왔다. 그리고 확실한 나만의 투자 기준을 만들었고 이 책에 담았다.

　도대체 기준은 왜 필요한가? 주식시장은 희망을 품고 와서 절망을 얻어가는 공간이다. 나만의 투자 기준이 없다면, 투기라고 불러야 한다. 무기 없이 온갖 병기들이 난무하는 전쟁터에 뛰어드는 꼴과 같다.

　주식시장에는 수천 개의 기법이 존재한다. 억지로 만든 기법, 자기만의 기법, 투자 기간에 따른 기법 등 종류는 매우 다양하고, 이를 필터해서 바라볼 수 있는 시야를 길러야 한다. 만약 당신이 부서진 무기를 들고 전쟁터에 나가면 과연 이길 수 있을까? 최고의 무기만을 엄선해 전쟁터에 나가도 이길까 말까다. 그리고 필요한 건 무수한 경험과 노력뿐이다.

　이 책의 목적은 당신에게 최고의 투자 기준을 제공해주는 것이다. 이 책을 여러 번 읽어보며 나만의 투자 기준을 정립하고, 수없이 경험을 쌓아라. 그렇게 되면 당신은 어느 순간 최고의 차트투자자가 되어 있을 것이다.

주월

CHAPTER 3 추세의 최고 조력자, 이동평균선

CHAPTER 4 캔들 없이 기술적 매매를 논하지 마라

CHAPTER 5 거래량을 통한 주가 분석

CHAPTER 6 주식의 고유 성질을 이용한 매매 기법

CHAPTER 7 핵심 보조지표는 꼭 알고 있어야 한다

CHAPTER 8 직장인은 스윙 매매 기법이 필수다

CHAPTER 9   회전율을 이용한 수익 극대화, 단타 매매법

CHAPTER 10 수익보다 리스크 관리가 중요하다

투자에서 가장 중요한 것은 유연함이라 생각한다. 가치투자와 차트투자, 둘로 편 가르기 해서 논쟁하는 것은 아무 의미가 없다. 수익이 나는 것이 곧 올바른 투자법이다. 기술적인 투자를 더 잘하기 위해선 기본적 분석이 바탕에 있으면 좋다. 이번 챕터에서는 기본적 분석에 대해 가볍게 배워보고, 자신에게 어떤 투자 방식이 맞을지 알아보도록 하자.

01 기술적 매매에 앞서 기본적 분석을 하자

주가를 예측하는 방법에는 기본적 분석과 기술적 분석이 있다. 다만 이 책에서 설명할 내용은 기술적 분석의 비중이 상당히 높다. 하지만 기본적 분석을 어느 정도 할 수 있다면 기술적 투자에도 시너지 효과를 발휘할 수 있다. 따라서 기본적 분석도 배워두는 것이 중요하다. 투자는 배움을 배척하려는 자세보다는 두루두루 이해하고 받아들이는 자세가 매우 중요하기 때문이다.

기본적 분석을 통한 투자 방식을 흔히 '가치투자'라고 부른다. 말 그대로 재무적 지표를 통해 기업의 가치를 분석해 현 재무적 상황 대비 주가가 저평가되었다고 판단되면 투자하는 방법이다. 재무적 지표는 수익성, 성장성, 안정성, PER(주당수익률), PBR(주가순자산배율), ROE(자기자본이익율), EV/EBITDA(기업가치/세금 이자 세전이익) 등과 같은 지표다. 재무적 지표를 통해 산출한 주가와 실제 주가와의 차이를 분석한다든지, 전망·재료 등을 확인해본 뒤 현 주가가 저

네이버 증권

기본적 분석을 위한 자료는 인터넷 검색을 통해 쉽게 확인할 수 있다. 네이버 증권 등을 통해 편하게 재무 정보를 확인해보자.

평가 상태라면 주식을 매수하고, 고평가면 매도하는 방식을 취한다.

　이렇게까지 하는 것은 전문가들의 영역이다. 우리와 같이 투자할 시간이 부족한 직장인들은 최소한의 정보로 최대한의 판단을 내리는 것을 목표로 하기 때문에 기본적인 재무 내용만 숙지하고 기술적 분석으로 들어가야 한다. 회사가 영업으로 수익은 나는지, 주식을 자꾸 발행해 가치를 희석시키지는 않는지 등만 파악한다. 그다음 가격, 거래량, 보조지표, 추세, 투자유입군의 종류 등을 보고 접근하는 것이다.

정리하면 기본적 분석은 재무제표나 기업의 내용을 보는 것이고, 기술적 분석은 차트를 보고 접근하는 것이다. 둘은 서로 공존해 도움을 줄 수 있는 관계이므로, 기술적 투자자라고 해서 기본적 분석을 등한시하거나 반대의 상황 역시 옳지 않다. 둘 다 알아두면 좋기 때문에 기술적 분석에 앞서 기본적 분석을 공부해보도록 하자. 기본적으로 재무가 좋은 회사들, 특히 유동성이 좋은 회사들은 무상증자와 같이 주주들에게 보너스로 주식도 더 제공할 수 있으니 알아두는 것이 필히 좋다.

02 자신에게 잘 맞는
매매 방식을 정하자

가치투자자와 기술적 투자자는 늘 대척점에서 토론 중이다. 어떤 투자 방식이 정답이냐에 대한 논쟁을 하는데, 필자가 보기엔 그럴 필요가 전혀 없다. 투자란 모름지기 돈을 벌면 장땡이다. 수익의 여부가 더 중요하지, 매매 방식의 옳고 틀림을 논하는 것은 전혀 의미가 없다. 필자가 기술적 분석을 선호하는 이유는 다음과 같다.

- 기업의 가치분석에는 정성적인 판단들이 들어간다.
- 차트 매매는 기계적으로 매매하기에 좋다.
- 통계적으로 증명된 기법을 사용하면 크게 노력하지 않고 수익실현이 가능하다.
- 가치투자는 시간이 오래 걸리는 반면, 기술적 투자는 상대적으로 짧은 시간

에 수익을 실현할 수 있다.

기술적 투자는 주가차트(캔들, 이동평균선, 거래량, 보조지표, 패턴 등)를 이용해 향후 시세를 예측하고 매매하는 방법이다. 과거 주가의 흐름이 그대로 흘러가진 않지만, 유사한 흐름이 만들어지므로 과거 유사 사례 차트 등을 참조하는 것도 방법이 된다.

주식시장에 이미 기법은 무수히 다양하다. 수많은 기법을 모두 다 내 것으로 체득할 필요는 없다. 마음에 드는 기법을 3~5개 정도 채택해 돌아가며 사용하면 된다.

기술적 분석의 특장점은 차트를 통해 의사결정을 빠르게 할 수 있으며, 매수 및 매도 이유가 분명히 통계적으로 입증된 부분이라는 것이다. 물론 통계적으로 증명된 차트 기법을 자신의 것으로 만들기 위해서는 많은 경험과 노력이 필요하다. 하지만 하다 보면 분명 실력이 늘게 되어 있고, 향후 기계적으로 매매하게 된다. 기계적인 매매는 분명 기술적 투자를 한 층 더 완성시켜주며 유사한 흐름이 나왔을 때 자동으로 대응할 수 있게 된다.

한 예로 일신석재의 경우 35일선을 지지하며 우상향한다. 이렇게 특정 이동평균선 등의 보조지표를 통해 시각적으로 매매할 수 있는 게 기술적 투자의 장점이다. 단순히 재무제표만 분석해서는 동그라미 부분에서 매수할 수 없다는 게 필자의 입장이다.

일신석재

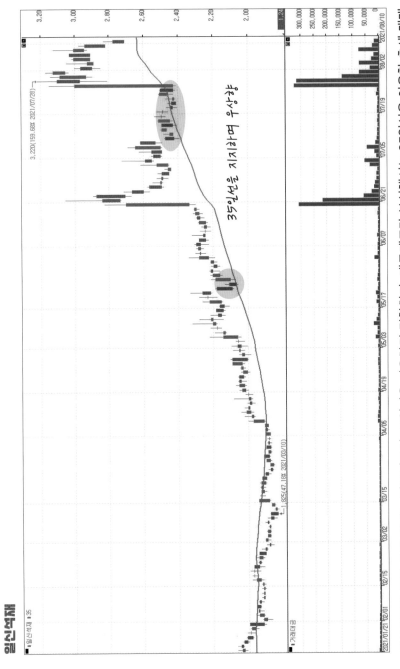

일신석재의 차트 추세 매매는 이동평균선 35일선을 이용하면 적합한다. 재무제표만 분석해서는 35일선을 이용한 추세 매매
를 할 수 없지만, 기술적 투자는 이렇게 시각적인 매매가 가능한다.

03 왜 기술적 분석을 하는가?

주식시장에는 '테마'가 존재한다. 테마는 특정 주식의 상승 사유인데, 단순히 재무적인 지표만으로는 테마를 이해하기 어렵다. 주식은 세상 모든 뉴스의 최전선에 존재한다. 이러한 뉴스들을 기본적인 분석으로 알 수 있을까?

예를 들어 A라는 뉴스나 이슈가 발생하면 주식은 그 이유로 인해 상승이나 하락을 하게 된다. 즉 A는 해당 주식의 테마인 것이다. 물론 이유 없이 상승이나 하락하는 일도 있겠지만 그 빈도수는 극히 드물다. 테마는 보통 두 종류로 나누어진다.

- 정기성 테마
- 비정기적인 테마

정기성 테마는 특정 주기마다 발생할 수 있는 테마로, 가장 흔한 건 날씨 정도가 되겠다.

- 여름 폭염이 심해지면, 에어컨 수요가 늘고, 에어컨을 판매하는 회사들의 주가가 오른다.
- 봄과 가을에 미세먼지가 많아지며, 이에 따라 공기청정기 관련된 주식들이 오른다.
- 날씨가 좋은 봄과 가을에는 자전거 수요가 많아진다. 이에 따라 자전거 회사들의 주가가 반응한다.
- 겨울 한파 뉴스에 난방 관련주들이 반응한다. 옷도 따뜻하게 입고 다녀야 하니 패딩 등의 한파 의류 관련 회사들도 반응한다.
- 한파 뉴스에 수도관이 문제를 일으키니, 이와 관련된 회사들의 주가가 반응한다.

비주기성 테마는 코로나19와 같이 예측 불허의 이슈들로 인해 백신주가 오른다든지 등이 있다. 이외에 테마군을 살펴보면 무인화(일자리와 관련), 창투사 관련 테마, 나노 기술 테마, 전쟁으로 인한 방산 이슈, 대북지원, 무역전쟁, 건설주, 정부 정책에 따른 테마, 대마초 승인 등 상당히 많다. 이런 현상들을 재무 수익성 또는 안정성이라든지, 주당수익률 등으로는 알 수가 없다. 그렇기 때문에 재무적인 지표만 가지고서는 테마의 급등락을 따라가기 어렵다. 하지만 한국의 주식시장은 테마를 무시하고는 하기 힘들다. 기술적 분석은 테마의 급등락을 따라가는 데 상당히 용이하다.

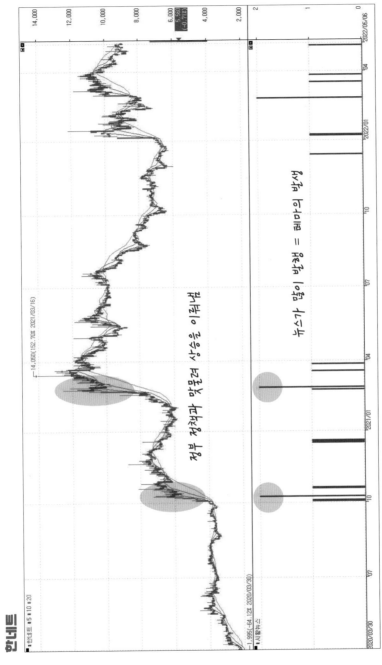

한네트는 무인화 관련주다. 주요 사업은 점여 현금자동지급기(CD) 사업으로 현금자동지급기(CD) 사업으로 키오스크 통과 관련되어 있다. 회사의 적정가치가 전혀 상승하지 않았음에도 정부정책과 맞물려 무인화 테마에 수혜를 받아 주가가 3천 원에서 1만 4천 원까지 상승하기도 했다. 이런 종목에서의 매매는 기본적 분석이 도와줄 수 없다. 기술적 분석으로 접근해야 한다.

04 기술적 분석으로 예상되는 테마를 선점하자

앞서 테마는 주식의 상승 요인이라 설명했다. 한마디로 테마를 선점하는 사람은 큰 수익을 낼 수 있는 기회를 얻는 것이다.

테마군을 먼저 선점하는 방법은 유행에 먼저 도전하는 얼리어답터(Early Adopter)가 되는 것이다. 앞으로 도래할 테마가 어떤 것이 될지 고민해본다면 답은 쉽게 나올 수 있다. 가장 주요하고 뚜렷한 테마군은 계절이다. 대한민국은 사계절이 뚜렷한 나라다. 그래서 해당 테마는 모든 나라에 있는 것은 아니다. 얼마나 테마를 예측하기 쉬운가? 매년 사계절은 오니까 말이다.

예를 하나 들어보자. 만약 지금 계절이 가을이라고 가정하면 곧 도래할 계절은 겨울이다. 겨울을 떠올리면 보통은 추운 날씨를 떠올리고, 난로도 같이 생각할 것이다. 패딩과 같은 따뜻한 의류를 입는 모습을 상상하고, 스키·보드 등 동계 스포츠만을 기다리는 사람들도 있을 것이다. 혹은 동파되어 식수를 걱정하는 사람도 있을 것이고, 눈이 많이 내릴 수 있으니 재해·재난에 대해 고민하는 사람도 있을 것이다. 이 모든 것들이 곧 테마다. 테마는 이처럼 일상생활에서 발생할 수 있다.

- 난로·난방과 관련된 회사: 파세코, 신일전자, 경동나비엔 등
- 패딩과 같은 의류 관련주: 신성통상, LF, F&F
- 겨울 스포츠 관련주: 용평리조트, 대명소노시즌
- 수도관 동파 관련주: 한국주철관, 뉴보텍
- 제설 관련주: 대동
- 식수 관련주: 광동제약

이러한 종목들은 겨울에 직접적으로 연관되었으며, 보통 여름~가을에는 주가가 상당히 낮아져 있다가 겨울 초입부터 증가하는 추세로 돌아선다. 이처럼 예측 가능 범위 내에 테마군에 속하는 회사들을 간단하게 재무분석을 한 뒤 주식을 미리 선점해두는 것이다. 단순히 겨울만을 떠올렸는데도 저렇게 여러 개의 회사가 나올 수 있으며, 더 생각의 꼬리를 물다 보면 많은 잠재 테마주들이 나올 수 있다.

비단 계절 테마 외에 정책주, 대선 관련주, 기업의 실적 발표 예정일 등 예측 가능한 정기성 테마를 미리 알고 준비한다면 엄청나게 좋은 투자처가 된다.

노루페인트 월봉 차트를 보면 봄에 주가가 상승하는 것을 볼 수 있다. 봄맞이 인테리어와 관련해 관심이 증가하는 것이다. 동물약품 전문기업 이글벳 차트는 환절기에 주가가 상승하는 것을 볼 수 있다.

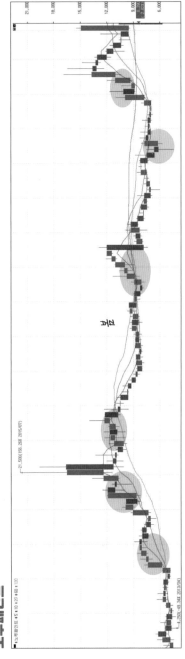

노루페인트

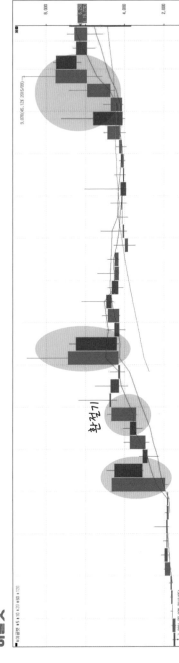

이글벳

1페이지 주가차트

05 기술적 분석을 위해 알아두면 좋을 것들

기술적 투자를 잘하기 위해 이 책을 선택했을 것이다. 앞에서도 말했다시피 기술적 분석은 차트를 보고 해석하고 매매하는 방법을 의미한다. 차트는 투자자들의 거래로 인한 결과물들을 그림으로 나타낸 것이다. 책을 읽기 위해서 글자를 익혀야 하듯, 차트를 읽기 위해선 구성 요소를 해석할 줄 알아야 한다. 차트를 읽는 방법과 더 나아가 매매기법은 후속 챕터에서 공개할 것이다.

1) 차트의 흐름을 이용한 매매 기법

모든 차트의 기본은 추세임을 배경에 두어 설명하는 기법이다.

2) 추세를 보조지표와 같이 사용하는 매매 기법

추세를 좀 더 잘 이해하게 해주는 이동평균선을 활용한 기법이다.

3) 캔들을 이용한 매매 기법

앞서 배운 추세와 캔들의 생김새를 연관 지어 적용하는 매매 기법이다.

4) 거래량을 활용하는 매매 기법

거래량은 숨길 수 없다. 실제로 돈의 유입과 출입을 통해 파생된 기법을 사용해보자.

5) 보조지표를 활용하는 매매 기법

심리와 추세를 기반으로 만든 매매 기법을 사용해보자. 그 확률이 매우 높다.

6) 회사의 특성을 이용한 매매 기법

시가총액, 주식 유통 비율, 신규로 거래소에 상장된 종목 등 특성들을 이용한 매매 기법을 배워본다.

7) 시간의 길이에 따라 활용하는 매매 기법

단타, 스윙, 중장기 투자 등 자신의 포지션이 어떤 투자자이냐에 따라 접목시킬 수 있는 투자법을 배워보자.

8) 투자 위험을 관리하는 방법

투자의 성패 요소는 수익을 내는 기법이 좌지우지하지 않는다. 손실을 얼마나 최소화하느냐가 중요하다. 이를 위해 더 큰 손실을 나지 않게 하는 방법들에 대해 배워본다. 이미 시장에 존재하는 기법들은 아주 많다. 하지만 그 기법들에 대한 신뢰도, 실제 매매를 해보았을 때의 경험담 같은 것들은 쉽게 공유받기 어렵고 실체가 없는 기법들이 너무 많다. 뒤에 기법들을 통해 알짜배기 기법들에 대해 제대로 익혀볼 수 있는 기회가 되길 바란다.

주식시장에 정보는 끝없는 바다와도 같다. 그래서 내가 어떤 방향성을 잡고 나가느냐 무엇보다 중요하다. 다음 챕터부터 필자가 소개하는 매매 기법은 시간을 단축시켜주고, 성공적인 기술 투자자가 되는 길임을 확신한다.

차트의 기본은 추세다. 주식시장에 존재하는 대부분의 차트 기법은 추세를 바탕으로 파생되었다 해도 과언이 아니다. 추세에는 상승추세, 횡보 및 박스추세, 하락추세 등으로 나뉘며, 시간을 얼마의 기간으로 보느냐에 따라 새로이 구분되기도 한다. 추세에 대해 제대로 배워보고 그와 관련된 기법들을 익혀보도록 하자.

CHAPTER 2
차트의 기본은
추세다

06 가격의 지지와 저항, 제대로 알자

주식시장에는 지지와 저항이라는 개념이 존재한다. 용어 그대로 지지는 주식이 특정 가격 구간을 지지해주는 것, 저항은 주식이 더 이상 상승하지 못하고 멈추는 가격 구간을 의미한다. 즉 지지는 바닥, 저항은 천장 정도로 이해하면 되겠다.

상승 국면에서도 지지와 저항은 존재하고, 하락 국면에도 지지와 저항은 존재한다. 물론 옆으로만 계속 흐르는 횡보 구간에서도 마찬가지다. 다만 어떤 추세든지 간에 '지지에서 매수하고 저항에서 매도한다'라는 주식의 기본 철학은 알고 있어야 한다. 이 의미를 이번 기회에 제대로 알아보자.

주가차트는 Minute(분) 기준의 분봉, Day(일) 기준의 일봉, Week(주) 기준의 주봉, Month(월) 기준의 월봉, Year(연) 기준의 연봉으로 기간 설정이 가능하다. 기간이 오래되면 오래될수록 주식의 묵직한 흐름을 관찰하기 좋다. 묵직

추세선

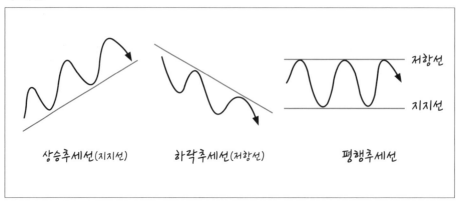

상승추세선(지지선)   하락추세선(저항선)   평행추세선

한 흐름일수록 지지와 저항의 신뢰도가 높아진다. 일봉보다는 주봉이, 주봉보다는 월봉이 더 강한 지지와 저항을 보여준다는 말이다.

셀바스AI를 살펴보자. 2011년부터 2018년까지 약 7~8년간의 묵직한 월봉상 지지와 저항을 보여준다. 이런 종목의 경우 지지와 저항을 통해 매매하면 된다. 3천 원대에 진입하면 매수하고, 6천~7천 원대 도달하면 매도하면 된다. 수익률도 약 100%로 우려먹을 수 있다는 장점이 있고 기간은 길어야 반년 정도 안에 승부가 나는 것을 알 수 있다.

다음 종목으로 메디포스트를 살펴보자. 마찬가지로 지지와 저항을 이용해서 박스권에서 매매하면 된다. 3만 원 미만 진입 시 매수하면 절대로 실패할 리가 없었던 근 6년간 모습이다. 이러한 종목이 어떻게 흘러가는지 독자들도 같이 추적해보자.

셀바스AI

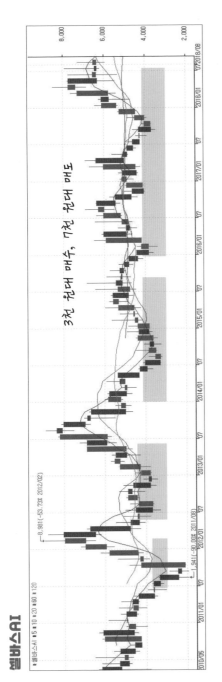

3천 원대 매수, 7천 원대 매도

메디포스트

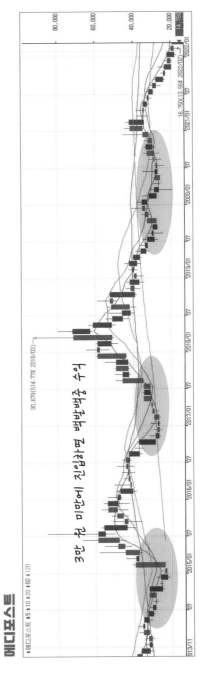

3만 원 미만에 진입하면 백배주 수익

긴 시간에 걸쳐 지지와 저항을 보여준다. 이런 종목은 지지선과 저항선을 이해하고 매수하면 수익을 낼 수 있다.

07 상승추세의 종목을 매매해야 한다

기술적 분석에서 중요도가 매우 높은 부분은 바로 '추세'다. 추세는 곧 흐름이다. 서퍼가 파도를 거스른다든지, 빠르게 달리는 자동차가 갑자기 브레이크를 건다든지 등 그 흐름을 거스르려고 한다면 많은 에너지가 소모되거나 실패하고는 한다. 바람이 불어올 때 불어오는 방향으로 몸을 기대는 것이 가장 에너지의 손실 없이 흐름에 편승하는 방법이다.

이처럼 주식투자에도 흐름이 존재하며, 그 흐름을 추세라고 부른다. 주식투자 경험이 많은 고수라 해도 주가가 폭락하는 상황에서는 답이 없다. 빠르게 대응했음에도 당연히 손실을 볼 수도 있다. 시장 속 개인 투자자들은 마치 자연 앞에 놓인 인간과 같이 약한 존재이기 때문이다. 반대로 주식에 막 입문했더라도 주식시장 전체적으로 상승장이라면, 그 추세에 편승해 큰 수익을 낼 가능성도 크다.

이처럼 상승추세 속에서 매매하는 것이 매우 중요하다. 상승추세는 주식의 저점과 고점이 꾸준히 우상향하는 것을 말한다. 주가의 저점과 고점이 같이 상승한다는 것은 매수세가 매도세보다 강하다는 의미다. 따라서 종목의 차트에서 상승추세가 확실히 보일 때 매매에 참여하는 것이 현명하다.

카카오 차트를 보자. 2020년 4월에 주가가 2만 9천 원쯤에서 1년 동안 내내 상승해 17만 원까지 도달했다. 모두 알고 있는 흔한 대형주이지만 주가가 7배가량 상승했다. 눌림의 구간은 존재했을 수 있지만, 인제 와서 보니 그것은 큰 문제가 되지 않았다.

현재의 기업 내용이 좋고 재무적 가치가 성장이 예상되더라도 하락추세에서 매매하는 것은 추천하지 않는다. 재무적 가치가 좋아도 주가가 그만큼 상승하지 못한 이유가 있을 것이다. 상승추세의 종목은 '고점'으로 보일 수밖에 없지만, 그 추세를 유지하려는 힘은 매우 강하다는 것을 알면 진입할 수 있다.

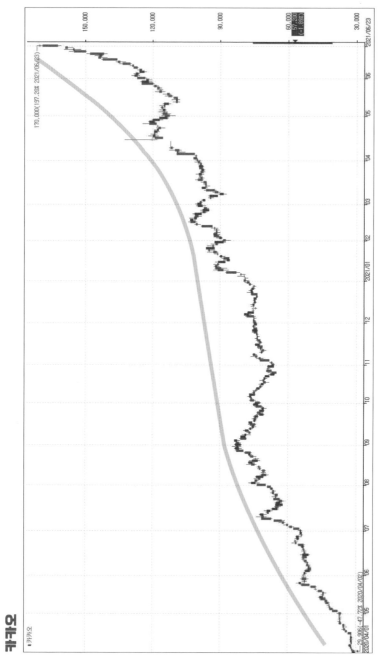

카카오

저점과 고점이 우상향 종이이야 상승추세다. 카카오의 경우 쉬지도 않고 1년 내내 상승했다.

1페이지 주가차트

08 우량한 종목은 지수와 잘 연동된다

　　추세 추종 전략은 시장 또는 종목의 추세에 따라서 매매하는 것이다. 추세라는 것은 상승추세, 하락추세, 횡보추세가 있으며 일반적으로는 상승추세의 종목을 잡아 매매한다.

　　지수와 대형주의 추세는 보통 연동된다. 대형주는 시가총액이 매우 높은 회사들을 의미하고, 우리가 흔히 알고 있는 업종 대표주들이 대형주인 경우가 많다. 삼성전자, LG전자, 아모레퍼시픽, 카카오, 네이버 같은 대형주들 말이다. 이런 대형주는 코스피라는 거래소에 상장되어 있다. 반대로 중·소형주들은 시가총액이 1조 원 미만의 회사들을 의미한다. 이런 회사는 일반적으로 코스닥이라는 거래소에 속한다.

　　세계적인 반도체 회사인 삼성전자는 당연히 코스피에 속한다. 이렇게 시가총액이 매우 큰 대형주들은 추세가 코스피 및 코스닥 지수 흐름에 연동된다. 즉 지수가 강력한 상승 국면이라면, 대형주 역시 같이 상승하고 있을 거라는 이야기다. 이를 이용해 매수 전략을 수립하는 것이 지수 연동 추세 추종 전략의 핵심이다. 코스피가 상승하면 이와 연동되는 업종 대표주(예를 들어 삼성전자)를 매수하면 된다.

물론 이것은 일차원적인 인과 관계일 수 있다. 지수가 상승한다고 해서 오르지 않는 종목들도 상당히 많기 때문이다. 그렇기 때문에 대형주를 선정하는 것이다. 중·소형주는 지수와 연동되지 않는 경우가 아주 많다. 오히려 지수가 상승할 때 하락하는 중·소형주도 많다. 따라서 매매 기법의 확률을 극대화하기 위해서는 지수가 오름세를 보일 때 삼성전자와 같이 지수와 연동하는 대형주를 매매하는 것이 좋다.

그럼 그냥 지수를 매매하는 것이 좋지 않은가 하는 의문이 들 수 있다. 지수보다 대형주를 매매하는 이유는 상승폭이 훨씬 더 크기 때문이다. 2008년 대비 코스피가 2배 이상 지수가 증가할 동안 삼성전자는 8배 이상의 주가 상승을 이룬 사례를 보면 알 수 있다.

삼성전자

■ 삼성전자 ■5 ■10 ■20 ■60 ■120

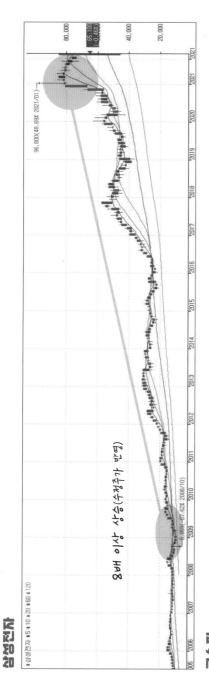

8배 이상 상승(수정주가 반영)

코스피

■ 종합 ■5 ■10 ■20 ■60 ■120

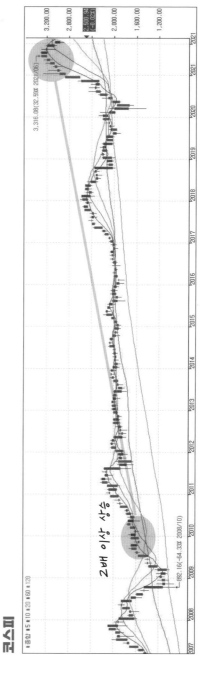

2배 이상 상승

삼성전자와 코스피 차트를 비교해보자. 2008년 대비 코스피는 2배 이상 증가한 반면 삼성전자는 8배 이상 주가 상승을 이루었다. 이렇듯 지수의 추세를 추종하는 종목을 잡아 매매하는 게 더 수익률이 높다.

09 상승추세와 지지 및 저항을 이용한 매매

상승추세 속에서도 지지와 저항은 적용할 수 있다. 상승추세는 말 그대로 주가가 오르는 형태이며, 가격대가 저렴하지 않기 때문에 선뜻 매수하기에 꺼려진다. 왜냐하면 우리는 주가가 무조건 저렴해야 좋다고 생각하기 때문이다.

하지만 이는 절반만 맞는 사실이다. 주식 격언 중에는 "상승하는 말에 올라타라."가 있다. 이 말은 이미 상승추세 진행 중인 종목을 매수해 더 상승할 것으로 예측하고 그 차익으로 수익실현을 하라는 의미로 사용된다. 상승추세의 종목이 더 오를 것으로 추측하는 근거는 무엇일까? 이것이 바로 추세를 잘 이해한 사람만 이용하는 힘이다.

과학에도 관성이 있듯 주식에도 관성이 있으며, 이는 추세와 연관된다. 마치 버스가 열심히 달리다가 브레이크를 밟아 서려고 하면 바로 멈추지 못하듯, 이미 한 번 상승을 시작한 종목은 곧바로 하락하지 않고 그 추세를 유지하려 한다. 주식시장 다수의 차트를 펼쳐 상승하기 시작한 종목들을 지켜보면, 횡보에서 상승추세로 돌아서고 나서 상당히 오랜 기간 상승해감을 볼 수 있다.

드림시큐리티 예시 차트를 보자. 차트 내 선을 긋고 상승추세에서 지지, 저항 내에서 매매 전략을 세우면 패배하기 쉽지 않을 것이다.

다만 올라타는 말에서도 언제든 추락할 수 있음을 명심해야 한다. 손절가를 걸어야 한다는 것이다. 상승하는 종목이 늘 상승한다면 주식시장에서 돈 잃는 투자자가 어디 있겠는가? 그런 이유로 우리는 상승추세를 이탈했을 때는 과감하게 손절매해줘야 한다. 매수하는 시점부터 '추세 이탈 시 손절해야지.'라는 마음가짐을 가져야 한다. 많은 개인 투자자가 손절매를 제대로 하지 못해 큰 손실이 나는 경우를 봐왔다.

드림시큐리티로 다시 예를 들어 보면 상승하는 종목은 결국 상대적으로 주가가 높은 상태에 있다는 점이다. 그래서 추세를 잃었을 때 손절하지 못하면 크게 손실을 볼 수 있다.

드림시큐리티

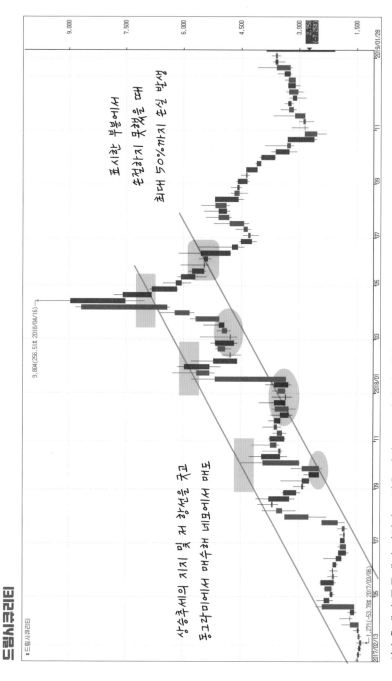

상승추세의 종목에서 저점과 고점을 이어 그은 지지 및 저항 구간을 확인한다. 지지 구간에서 매수해 저항 구간에서 매도한
다. 상승추세 완전 이탈 시 손절한다.

1페이지 주가차트

10 하락추세의 종목 매매하기

　　상승추세 매매의 최대 단점을 꼽자면, 주식을 저렴하게 사는 것이 불가능하다는 점이다. 상승추세를 잘 활용하면 좋겠지만 대부분 이미 오르고 있는 종목에 대해 거부감이 들 수 있다. 따라서 회사의 주가가 저렴할수록 투자자의 심리도 안정되며, 당연히 상대적으로 큰 수익을 볼 기회가 된다.

　　이는 주식을 떠나서 현물투자에도 마찬가지로 적용된다. 예를 들어 달러($)가 하락할 때마다 매수해 달러 강세 시 팔아 차익을 얻는 외환투자라든지, 금(Gold) 시세가 하락할 때 매수해 향후 금값이 올라 차익을 얻는 투자 등은 결국 매수하는 가격이 저렴하지 않으면 불가능하다.

　　저렴한 가격대로 매매하기 위해서 가장 단순하고 확실한 방법은 하락추세의 종목을 공략하는 것이다. 이번에는 주가가 하락 국면에 접어든 종목을 매매하는 방식을 알아보자.

지지와 저항을 매매 기법에 적용할 건데, 본론에 들어가기에 앞서 알아두면 좋을 투자 팁이 있다. 바로 종목선정은 시가총액 상위인 대형주 위주로 하는 것이 좋다는 점이다. 시가총액은 '주식의 가격×주식의 수'로 결정되는데, 회사의 규모를 의미한다. 즉 회사의 규모가 클수록 지지와 저항이 잘 맞아떨어진다는 점을 이용해보자.

제약/바이오 중 시가총액 상위에 속하는 셀트리온을 예시로 하락추세의 매매 전략을 살펴보자. 셀트리온 차트를 보면 동그라미에서 매수, 네모에서 매도 전략을 펼칠 수 있음을 볼 수 있다.

또 2라고 표시된 부분이 하락추세의 매매에서 가장 큰 장점이라고 볼 수 있는데, 상승추세 국면의 최저점을 잡을 수 있다는 점이다. 상승추세의 종목에서는 최저점 매수가 거의 불가능하지만, 하락추세에서는 최저점 매수가 가능함을 볼 수 있다.

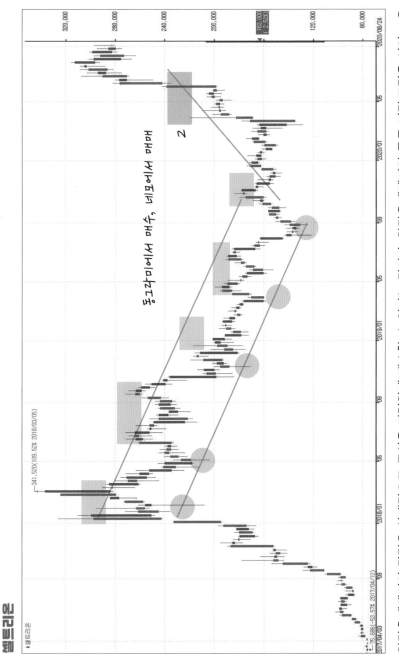

하락추세에서의 장점은 상대적으로 주식을 저렴하게 매수할 수 있다는 점이다. 하락추세에서의 종목 저점·고점을 이어 그은 추세 박스권을 확인한 뒤, 지지에서 매수하고 저항에서 매도한다.

11 추세가 형성될 때까지 기다리자

상승 또는 하락추세가 불분명한 상황을 횡보 혹은 박스권에서의 움직임이라고 표현한다. 단어 그대로 '박스'는 사각형을 이야기하며, 특정 사각형 구간 내에서 주가가 우측으로 파동을 그리며 이동하는 모습이다. 이는 상승 또는 하락추세가 아니다.

이런 상황은 매수 세력과 매도 세력이 치열하게 싸우고 있지만 딱히 어느 세력이 더 강하지 않기 때문에 발생한다. 그래서 보통 주식은 박스권의 움직임을 가지다가 매수 세력이 더 강해지면 박스권을 뚫고 우상향하고, 매도 세력이 더 강하면 박스권을 하향 돌파하며 추가 하락한다. 자신이 가진 주식 종목이 일정 기간 박스권의 흐름을 보낸 뒤, 우상향하면 참 좋겠지만 우하향했을 때는 손실이 날 수도 있으니 위험도가 크다.

이렇게 변수가 많은 듯하지만 기준만 확실하다면 박스권에서도 매매는 가능하다. 박스권 하단에서 매수해서 박스권 상단에서 매도하는 것이다. 다만 필자는 확실하게 추세가 정해진 뒤 종목을 고르기를 추천한다. 박스권 하단을 하향 돌파해 하락추세로 접어드는 종목은 제외하고, 박스권 상단을 돌파해 상승추세로 접어드는 종목에 올라타는 것이다.

현대해상의 차트를 보면 주가가 2만 원 후반에서 3만 원 후반으로 박스권을 그리며 횡보 구간을 가지고 있다. 그러다가 특정 뉴스나 이슈와 함께 주가가 박스권 상단을 돌파해 상승추세로 돌아서고 나서는 주가가 급하게 상승했다. 추세를 확실하게 보여주는 구간인 동그라미 지점에서 추적해 따라서 진입하는 것이 좋다.

이처럼 박스권 상단을 뚫을 수 있는 이유는 호재나 상승모멘텀이 존재하기 때문이다. 반대로 박스권 내에 머물고 있는 종목들은 상승모멘텀이 없다는 이야기와 같다. 좋은 뉴스나 상승모멘텀이 없는 종목에 먼저 들어가서 언제 오를지도 모르는데 무작정 기다리는 일이 없어야 한다.

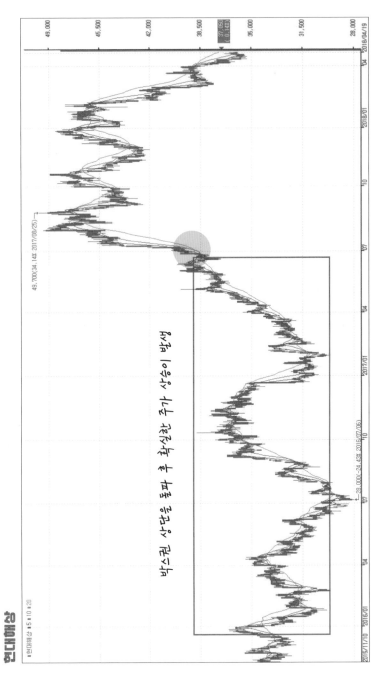

박스권 상단을 돌파 후 확실한 주가 상승이 발생

박스권은 상승도 하락도 아닌, 옆으로 흘러가는 횡보추세일 때 주로 발생한다. 현대해상 일일 차트를 보도 표시한 박스권 상단을 돌파한 후 주가는 확실한 상승을 보여준다.

1페이지 주가차트

12 상승추세를 돌파할 때 대박주가 보인다

지금까지 지지와 저항 및 상승추세와 하락추세와 박스권(횡보추세)에 대해 배웠다. 결국은 '추세, 그리고 지지 및 저항'이 핵심이다.

상승추세에서 상승추세 상단은 저항 역할, 하단은 지지 역할을 한다. 하락추세에서도 마찬가지로 상단은 저항 역할, 하단은 지지 역할을 한다. 하지만 이러한 상승추세 속에서 더 큰 상승추세가 발생하려면 어떻게 해야 할까? 당연히 상승추세 상단을 강하게 돌파해주면 된다. 상승추세 상단을 강하게 돌파해주기 위해서는 뉴스나 종목의 특별한 재료 등이 수반되어야 할 것이다.

특히나 코스피와 코스닥의 많은 국내 주식에서 우상향하는 종목은 더 가파른 기울기로 우상향할 때 엄청나게 급등하는 경우가 발생한다. 그래서 대박주를 찾기 위해서는 상승추세 속 종목으로 1차 필터링을 하는 것이 좋다. 상승추세를 뚫고 더 큰 상승을 일으킬 만큼 재료나 이슈가 좋다는 것이니 급등이 나올 만도 하다.

따라서 이미 급등이 나오고 나서 따라붙는 것은 늦었다. 잔잔하게 우상향하는 종목 중에서 호재는 없는지, 거래량이 점진적으로 증가하지 않는지, 외국인과 기관 등 거대 세력들이 매집해가지는 않는지 등을 살펴보아야 한다.

손오공 차트는 매매 기법의 좋은 예시다. 주가가 2014년 9월부터 서서히 우상향하며 박스권을 그리고 있다. 이때의 상승하는 모습은 잔잔한 수준이다. 서서히 오르다가 2015년 5월쯤에 저항 역할을 하는 상승추세의 상단을 돌파해줄 때 엄청난 급등이 나왔다.

3S 차트를 보면 하단추세에서의 지지도 중요한 것을 알 수 있다. 2012년 6월부터 주가가 3개월간 우하향하는 모습을 볼 수 있다. 그러다가 네모 표시처럼 하단추세의 지지 구간을 이탈하면서 주가가 급락했다. 즉 종목을 예의주시하며 보다가 주가가 하락추세로 더 전환해 기울기가 커지는 듯하면 더 큰 손실을 보기 전에 선매도해야 한다.

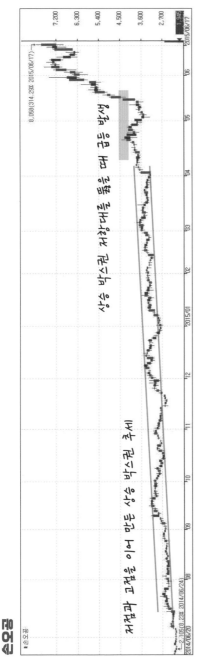

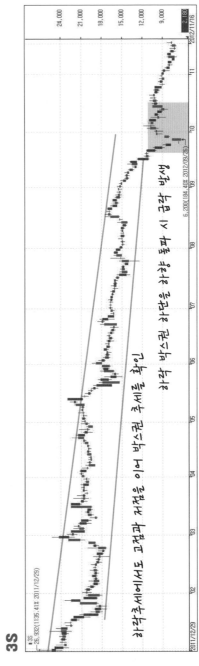

상승추세를 돌파하는 상승이 나왔을 때 급등이 나왔을 때 급등이 전조로 볼 수 있다. 반대로 하락추세를 하향 돌파하는 하락이 나왔을 때 급락 전조로 예측할 수 있다. 하락추세에서의 기준은 하단 지지로, 상승추세에서의 기준은 상단 저항대를 기준으로 잡는다.

추세는 매우 중요하다. 하지만 이 추세를 기본 차트로 디테일을 캐치하기에는 너무 어렵다. 따라서 우리는 이동평균선의 도움을 받아야 한다. 이동평균선은 가치투자자도 애용하는 기술지표인 만큼 지표의 활용도 및 신뢰도가 매우 높다. 이동평균선의 배열, 교차, 단기·중기·장기 이동평균선을 활용한 매매법을 통해 추세 매매를 마스터해보자.

CHAPTER 3

추세의 최고 조력자,
이동평균선

13 배열의 흐름을 이용해 주가 예측하기

이동평균선이란 특정 기간의 주가 평균 가격을 연결해 만든 선이다. 주식시장이나 파생상품시장에서 기술적 분석을 할 때 쓰이는 기본 도구 중 하나로, '이평선'이라고 줄여서 부른다. 지수평균, 가중평균 등 다양한 평균 개념이 있지만 필자는 단순이평을 베이스로 사용한다.

차트 매매, 기술적 매매를 하는 투자자라면 반드시 알아야 하는 지표이므로 이번 기회에 숙지해보자. 통상적으로 5일선, 10일선, 20일선, 60일선, 120일선을 쓴다. 5일선은 5일 동안의 주가 평균, 10일선은 10일 동안의 주가 평균을 연결한 선으로 이해하면 된다.

이러한 이평선들이 어느 자리에 위치하느냐 따라 '정배열'과 '역배열', 그리고 '혼조세 및 횡보'로 판단한다. 숫자가 작은 5일선이 맨 위에 위치하고 그 밑으로 10일선…120일선까지 순차대로 자리하고 있으면 정배열이고, 역순으로

정배열과 역배열

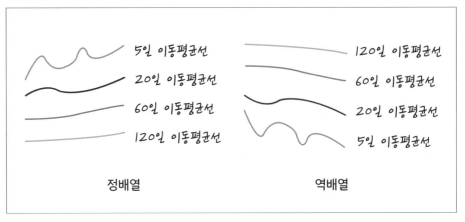

5일 이동평균선
20일 이동평균선
60일 이동평균선
120일 이동평균선

정배열

120일 이동평균선
60일 이동평균선
20일 이동평균선
5일 이동평균선

역배열

있으면 역배열이다. 정배열은 상승 국면에 있는 차트고, 역배열은 하락 국면에 있는 차트다.

이평선은 종목의 흐름을 판단하고 전망하는 데 사용하는 주식시장을 대표하는 기술적 지표다. 이평선을 통해 단기 매매부터 중장기 매매까지 활용 가능하며, 필자도 많이 애용하고 있는 지표다. 대다수 회사의 주식 흐름은 상승만 계속하거나 하락만 계속하지 않는다. 1년 내내 같은 가격대로 유지하는 경우도 있다. 이를 횡보라고 하며, 이럴 때 이평선의 배열은 혼조세(뒤죽박죽)일 가능성이 크다. 즉 이평선의 배열을 통해 매매 전략을 수립해나갈 수 있다.

두올 차트를 통해 정배열과 역배열을 볼 수 있다. 위의 차트는 이평선상 단기 이평선은 맨 위에 장기 이평선은 맨 밑에 있는 모습이다. 반대로 아래 차트는 역배열을 보여준다. 하락추세와 같이 출현하는 게 특징이고, 단기 이평선이 가장 밑에 위치하고 장기 이평선이 위에 위치한다.

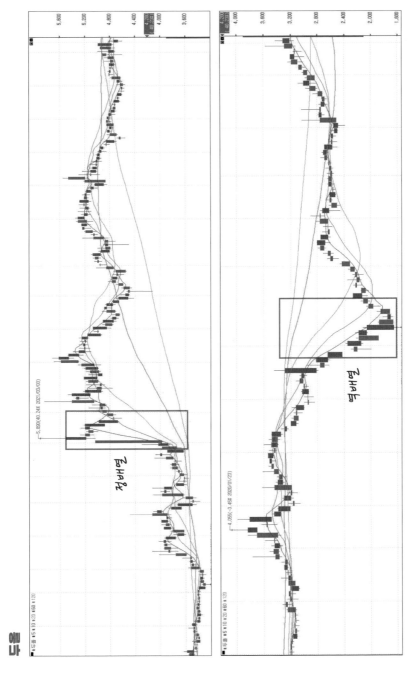

정배열은 상승추세, 역배열은 하락추세로 판단한다. 단기 이평선이 위로 올라와 있으면 정배열, 단기 이평선이 장기 이평선이 대비 아래에 위치하면 역배열이다.

14 수렴과 발산을 통한 주가 흐름 분석하기

기술적인 차트 투자자라면 주가의 흐름을 예측하는 능력은 갖춰야 한다. 이평선을 통해 이 부분을 배울 수 있다. 멀어지면 뭉치고, 뭉쳐지면 흩어지는 것은 이평선의 성질이다. 이를 조금 어렵게 표현한 것이 수렴(Convergence, 뭉치는 것), 발산(Divergence, 흩어지는 것)이다. 당연하게 알아야 하는 개념이니 꼭 외우자. 이러한 성질을 알고 이평선을 사용하면 주식 기법으로 매우 유용하게 사용할 수 있다. 특히나 주가의 향후 움직임을 예측하는 부분에서 유용하게 사용된다.

특정 주가차트에서 이평선이 밀집되어 붙어 있는, 즉 수렴상태에 있는 주가차트를 보고 이 종목의 차트는 곧 발산할 것을 예측할 수 있다. 물론 발산은 상승추세로 갈 수도 있지만 하락추세로 갈 수도 있다. 따라서 차트가 발산하며 위로 갈지, 아래로 갈지 위험 요소가 존재하기 때문에 하방 국면 시 늘 손절이라

1페이지 주가차트

는 무기를 장착하고 매매에 임해야 한다.

　지나치게 불확실성에 배팅하는 것은 아닐지 생각할 수 있다. 발산할 때 차트가 상승 국면으로 발산할 수 있는 예측이 전혀 할 수 없을까? 그렇지는 않다. 주식의 위치에 따라서 이 부분을 어느 정도 해소할 수 있다. 상대적으로 주식의 가격이 고점에 위치하는지, 저점에 위치하는지에 따라 차이가 크다.

　팜스빌 차트를 보면 이해가 더 쉽다. 상장했을 때보다 네모 표시된 횡보 구간이 훨씬 더 저렴함을 볼 수 있다. 이처럼 주가가 낮은 위치에서 오래 횡보할수록 상방 발산의 가능성이 커진다. 수렴 구간에서 거래량도 점차 증가한다면 더할 나위 없이 좋다.

　다만 발산을 아래로 하기도 한다. 따라서 수렴의 구간에서 이격의 좁혀짐이 보이면, 위로 할지 아래로 할지 확인해야 한다. 주가가 상대적으로 고점에 존재하는지 저점에 존재하는지에 따라 상승 발산 또는 하락 발산이 될 수 있다. 상승했던 적도 있지만 하락했던 사례도 있다. 케이피엠테크 차트를 보면 충분한 횡보를 통해 수렴했지만 주가는 아래로 발산했다.

풍산

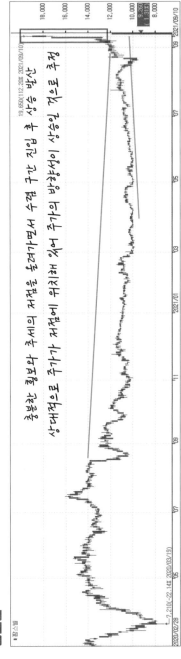

충분한 횡보와 주세의 저점을 높여가면서 수렴 구간 진입 후 상승 발산

19,650(112.20X 2021/09/10

상대적으로 주가가 저점에 위치해 있어 주가의 방향성이 상승의 경으로 추정

케이피엠테크

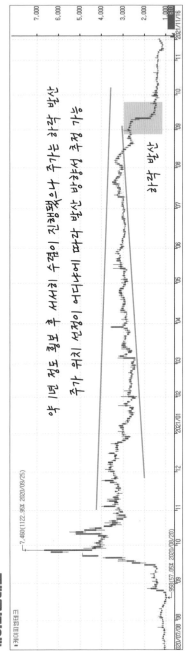

약 1년 정도 횡보 후 서서히 수렴이 진행됐으나 주가는 하락 발산

상대적으로 주가가 선점에 위치하나 주가 위치에 따라 향후 발산의

하락 발산

수렴과 발산은 차트의 당연한 흐름이다. 다만 주가가 전체 주가 대비 고점에 위치하나, 저점에 위치하나에 따라 향후 발산의 방향성에 영향을 미치게 된다.

15 단기 이평선 매매 기법

이평선의 성질에 대해 충분히 공부했다면, 이제 파생되는 기법들에 관해 알아볼 차례다.

주식가격은 하락하다가 바로 상승할 수도 있고, 충분히 횡보하다가 상승할 수도 있다. 이평선을 통해 상승할 지점을 잡아내는 매매 기법이 '이평선 골든크로스'라는 매매 기법이다.

골든크로스는 장기 이평선을 단기 이평선이 돌파하는 순간을 의미한다. 왜 이 순간이 중요할까? 주식시장에서 이동평균선 정배열은 상승추세를 의미한다. 그런데 정배열이 나오기 위해서는 단기 이평선이 장기 이평선보다 위에 있어야 한다. 결국 정배열의 시작점은 단기 이평선이 장기 이평선의 위 구간에 위치해야만 한다. 그러므로 골든크로스의 지점을 상승추세의 초입으로 판단하는 것이다.

골든크로스와 데드크로스

여기서 이동평균선의 장기와 단기는 상대적이므로 상황에 맞게 보면 된다. 5일선을 단기 이평선으로 간주하면 10일선부터 장기 이평선이 될 수 있지만, 20일선을 단기 이평선으로 간주하면 10일선은 장기 이평선이 될 수 없는 것이다. 따라서 어떤 이평선을 선택하는지도 상당히 중요한 내용이다. 단기 매매자들이 많이 사용하는 5-10일 이평선 골든크로스는 단기급등의 신호로 여겨지며, 모든 상승추세의 맥점으로 판단할 수 있다.

하지만 이와 반대로 단기 이평선이 장기 이평선을 뚫고 우하향하기도 한다. 이는 데드크로스라 부르며 우하향 추세의 주요 신호다.

카카오 차트에서 동그라미 부분은 5-10일선 골든크로스 지점이며, 그 지점에서부터 주가가 강하게 상승하는 것을 볼 수 있다. 골든크로스가 상승추세의 초입 역할을 하는 것은 확인되었지만, 단기상승일지 중기상승일지는 미지수다.

에코플라스틱 차트의 동그라미 부분처럼 5-10일선 골든크로스 이후 추가 상승 없이 하락하는 모습도 보인다. 따라서 단기 이평선 골든크로스 매매 전략은 짧게 짧게 먹고 빠지는 히트 앤드 런(HIT&RUN)으로 접근하는 것이 좋다.

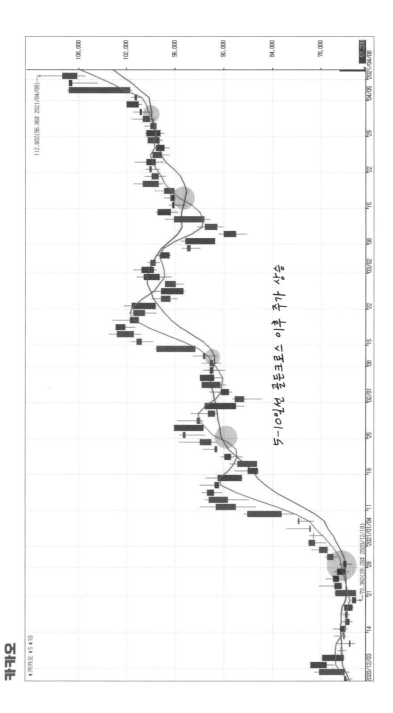

카카오 ▮5 ▮10

112,602(96.86% 2021/04/08)

108,000
102,000
96,000
90,000
84,000
78,000
57,200

2021/04/08

2021/04/08)

04/05

29

22

15

08

03/02

22

15

08

02/01

25

18

11

2020/12/18)
2020/01/04

73,362(28.26% 2020/12/18)

28

21

14

2020/12/03

스윙트레이딩 기법이 주가 상승

한경

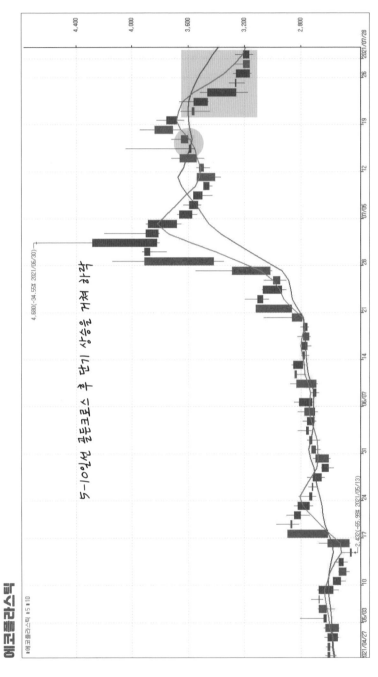

골든크로스는 상승추세의 초입 역할을 하지만 짧은 상승 후 하락할 때도 있다. 단기 이평선 골든크로스 전략은 히트 앤드 런 으로 접근하자.

16 중기 이평선 매매 기법

단기 이평선 골든크로스(5일선과 10일선)의 장점은 빠른 매매, 주식가격의 단기 급등을 통한 수익을 노릴 수 있다는 점이다. 단점은 그만큼 등락의 폭이 심하며 빠른 손절매가 장착되지 않은 개인 투자자는 손실을 볼 가능성이 크다는 점이다.

실제로 단기투자자들은 손실을 감내하지 않으면 더 큰 피해를 보는 경우가 허다하다. 많은 매매 경험이 쌓이지 않으면 난도가 너무 높다. 따라서 단기 매매의 리스크를 줄여가며 조금 더 여유를 갖고 매매하게 도와주는 매매 기법이 중기 이평선 골든크로스다.

특히 20일선은 주식시장에서 유독 중요한 이동평균선이다. 황금선이라 불릴 만큼 중기 추세에 영향을 많이 준다. 그리고 60일선은 장기추세를 결정짓는 중요 이평선으로 여겨지며, 20일선 못지않게 중요하다. 따라서 이 둘의 교차지점을 이용한 20-60일선 골든크로스야말로 기나긴 상승추세의 초입을 잡으려는 주식투자자에게 적합하다.

20-60일선 골든크로스는 20일선이 확실하게 60일선을 상향으로 뚫어줄 때의 모습을 의미하고, 중·장기 상승을 알리는 신호탄으로 해석할 수 있다. 더불어 거래량도 동반해 발생했을 때 기법의 신뢰도는 높아진다. 그리고 중기 상승의 신호탄을 알리는 지표인 만큼, 주가가 상대적으로 저점에 위치할수록 상승확률이 높아진다.

삼성전자 차트를 살펴보자. 동그라미는 20-60일선 골든크로스 지점이고, 이후 주가가 몇 달 동안씩이나 상승추세를 이어감을 볼 수 있다.

중기 이평선을 통한 골든크로스는 단기 매매와는 다르게 움직임이 무겁게 상승하는 경우가 많아 손절매가 익숙하지 않은 사람들도 이 기법을 사용하기 쉽다. 종목의 시가총액이 클수록 기법의 적중률이 올라가는 것도 매매 팁이다.

실제로 중·장기적으로 전망을 추정하는데 용이하기 때문에 삼성전자와 코스피 종합지수의 차트처럼 적용해 활용할 수 있다.

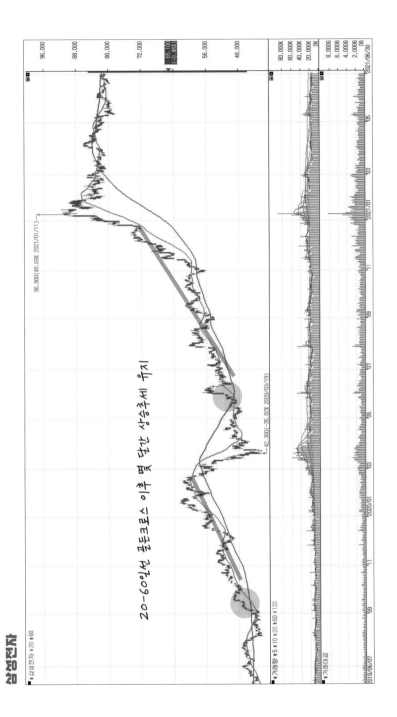

삼성전자

96,800(48.69% 2021/01/11)

ⓘ2019-2021 코로나 이후 및 당간 상승추세 유지

42,300(-35.02% 2020/03/19)

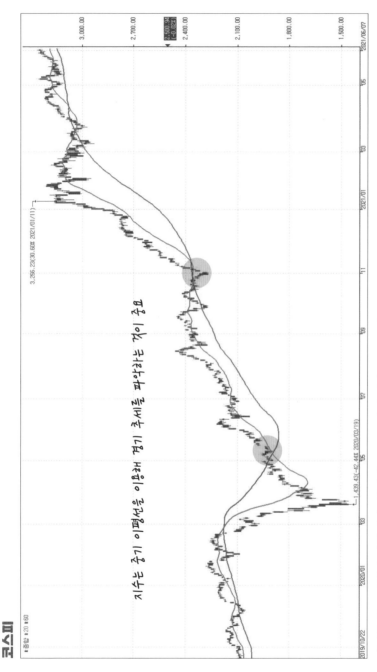

코스피

종합 20 60

3,266.23(30.6)또 2021/11/11)

2,500.94
+0.02%

1,439.43(-42.44% 2020/03/19)

지수는 중기 이평선을 이용해 장기 추세를 파악하는 것이 중요

장기추세는 정하기 나름이다. 일반적으로 20일선 이상은 중기 이평선으로 부르며, 60일선 이상은 장기 이평선으로 부른다.

단기 이평선의 급변하는 흐름에 대응이 어렵다면, 안정적인 중기 이평선을 사용한다.

1페이지 주가차트

17 60일선 하나만 있어도 충분하다

　　주식시장에서 세력이라는 존재가 있다. 세력은 큰돈을 가지고 주가를 좌지우지할 수 있는 집단을 의미한다. 이들은 개인 투자자가 수익을 볼 수 없게 끔 가격 조정을 하고는 한다. 세력은 일부러 가격을 하락시켜 개인 투자자가 손절하는 물량을 천천히 매집해 다시 주가를 올려 시세차익을 보는 게 목적이다. 따라서 주가 조정에 크게 흔들리지 않기 위한 처방으로 신뢰성 높은 이평선인 60일선을 사용한다.

　　확실히 5~20일선은 단기·중기 이평선에 해당하다 보니, 주가의 등락이 심할 때는 손실이 나기 쉽다. 이에 비해 60일선은 주가의 장기추세를 담당하는 만큼 단기적인 조정에는 크게 영향을 받지 않는다.

　　다만 60일선 이평선 부근에서는 가격 변동성이 상당히 커지기 때문에 급하게 매수하는 것은 위험하다. 차라리 조금 높은 가격이라도 확실하게 지지해주는 모습을 보고 진입하면 장기추세가 우상향할 것으로 예측되므로 단기적인 세력의 장난질에 흔들리지 않고 주식을 보유할 수 있다. 따라서 매매할 때 주요하게 볼 포인트는 정확하게 60일선에서 매수하는 것이 아닌 60일선에 확실하게 안착했다고 판단되면 진입하는 것이다.

서전기전 차트의 동그라미 표시를 보자. 60일선 지지 자리에서 바로 사는 게 아니라 그 뒤에 양봉이 출현하고 나서 혹은 확실하게 올라온 것을 보고 나서 진입하는 것이 더 안정적임을 확인할 수 있다. 네모 표시가 60일선 구간인데, 단순히 이 부근에 왔다고 해서 매수하는 것이 아니다. 해당 구간에서 정확하게 지지를 해주는지 돌다리도 두들겨보는 심정으로 며칠 동안 확인해봐야 한다. 그리고 다시 양봉을 주며 돌려주는 모습이 나올 때 매수 진입하는 것이 현명한 전략이다.

세련기법

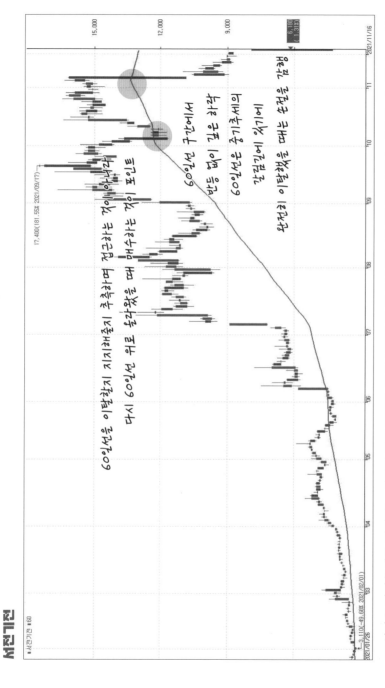

60일선은 장기추세를 결정짓는 심리적 기준선이다. 이를 기준으로 국내시장뿐 아니라 해외시장도 예측하고는 한다. 그만큼 60일선을 꼽두로 장기투자자들의 매수 또는 매도 심리가 형성된다. 60일선에서 반등도 없이 이탈할 때는 추가 하락 가능성이 크므로, 손절매를 통해 손실 폭을 줄이도록 한다.

18 신뢰도 높은 이동평균선을 이용한 매매 기법

앞서 골든크로스도 단·장기 매매로 활용할 수 있음을 배웠다. 5-10일선 골든크로스는 너무 단기 매매에 비중이 실려 있어 손실 확률이 상대적으로 높다. 이와는 반대로 20-60일선 골든크로스는 안정적이지만 장기추세에 초점이 맞춰 있다 보니 주식 종목의 회전율 부분에서는 아쉬움이 존재할 수 있다.

따라서 회전율과 손절 리스크 둘 다 해소해주는 매매 기법을 소개하려고 한다. 단기 이평선의 대표 주자인 5일선과 중기 이평선의 대표 주자인 20일선을 활용한 골든크로스 매매 기법이다. 5일선이 위로 상승하면서 20일선을 강하게 교차하는 모습을 보여줄 때 매수 진입하는 것이다. 이 매매의 특장점은 회전율이 빠르지만 손실 확률이 낮다는 점에 있다.

이 매매 기법을 조금 더 디테일하게 사용하고 싶다면, 가급적 20일선이 상승추세에서 15도 정도 하락추세로 흐르다가 5일선이 강하게 위로 올라오는 모습이 포인트다.

   필자가 선호하는 매매 기법인데, 대형주에 국한하지 않고 중·소형주에도 적용 가능해 상대적으로 매매할 종목이 많다는 장점이 있다. 또한 개인 투자자들이 가장 애용하는 이평선인 5일선과 20일선이니만큼 신뢰도도 높고, 이는 곧 매매 확률이 높아진다는 점도 장점이다. 매수 이후에 20일선을 확실하게 이탈하는 모습을 보이면, 손절매를 통해 향후의 기회를 엿봐야한다.

   HL D&I 차트를 보면 5-20일선 골든크로스는 단기적으로도 괜찮아 보였지만 중기적으로도 우상향 추세를 유지해 나감을 볼 수 있다.

   티비씨 차트에서 골든크로스의 각도가 얼마나 중요한지를 살펴볼 수 있다. 가장 오른쪽 동그라미와 같이 5일선이 거의 수직으로 급격히 상승해서 올라오는 흐름이라면 꼭 잡아야 하는 상승국면 초입이다. 그만큼 5일선이 급격히 20일선을 뚫어주면 좋다.

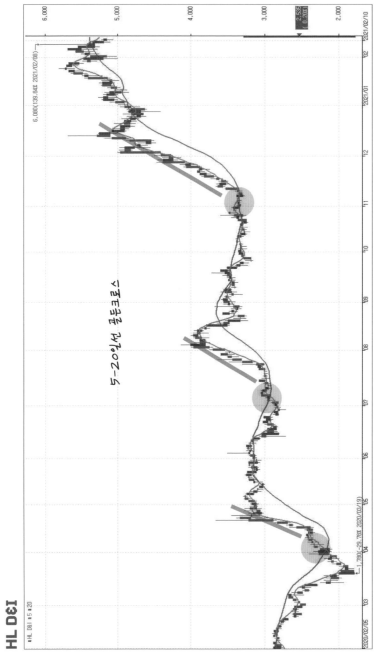

HL D&I

5-20이선 골든크로스

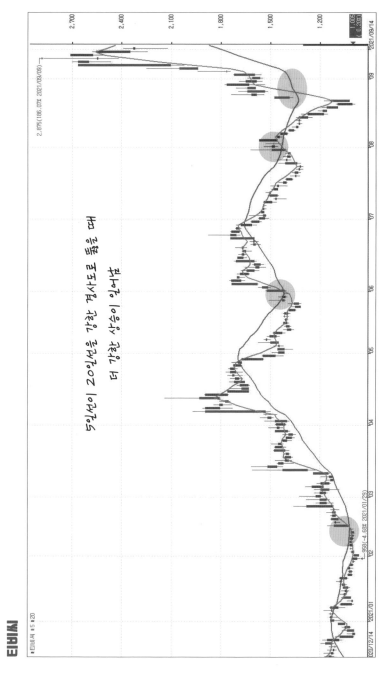

5일선이 20일선을 가파른 경사로로 통을 때
상승의 강도가 더 강하다

단기 이평선에 5일선, 중기 이평선은 20일선이 대표선이다. 단기 이평선과 중기 이평선을 함께 이용할 때 각각의 약점을 잡을 때

채울 수 있다. 어느 정도 짧은 시간 내에 결과를 예측할 수 있으면서 안정성도 챙길 수 있기 때문이다.

19 이동평균선 심화 매매 1편

앞서 소개한 골든크로스 매매와는 다른 기법이지만 이평선을 이용한 하이브리드 매매는 5일선과 20일선으로 매매할 수 있다(종가 기준).

단기 매매를 대표하는 5일선, 중기 매매를 대표하는 20일선, 그리고 매수세가 매도세보다 강한 날 발생하는 양봉 캔들을 활용하는 매매 방법이다. 단기적으로 우상향했으며, 양봉 캔들의 매수세를 이용해 20일선도 돌파하고자 하는 의미가 담긴 기법이다. 큰 그림에서의 매매 방식은 아래와 같다.

① 재무적으로 영업이익이나 당기순이익이 흑자인 회사여야 한다.

② 지속적으로 하락추세의 종목을 선택한다.

③ 하락은 5일선과 같은 기울기로 유지되고 있는 것이 좋다.

④ 하락하다가 단기 바닥을 잡아준 뒤, 5일선과 20일선 사이에 양봉이 '완전

히' 들어갈 때 매수한다.

⑤ 캔들의 꼬리나 몸통이 5일선과 20일선에 걸치거나 애매한 모습을 띠고 있을 때는 매매하지 않는 것이 좋다.

⑥ 이때 5일선과 20일선 사이에 있는 캔들은 음봉이 아닌 양봉일 때고, 가급적 샛별형(도지형, 십자가형) 캔들이면 더 좋다.

이러한 모습이 출현한 이후에는 상당히 높은 확률로 이평선 5-20일선 골든크로스도 발생한다.

대영포장은 약 2,930원부터 2,200원까지 5일선 밑 주가에서 쭉 하락하는 모습을 보인다. 그러다가 5일선 위로 20일선 아래로 샌드위치처럼 양봉 캔들이 발생했고, 그 뒤에 충분히 수익을 보였다. 그 이후 며칠 뒤 5-20일선 골든크로스도 볼 수 있다.

수산중공업 차트도 마찬가지다. 5,670원 대비 3,300원까지 5일선을 따라 큰 하락을 맞이하더니, 5-20일선 사이에 발생한 양봉 캔들 이후로 주가가 상승했다. 매수 타점(동그라미 표시) 이후 주가가 10% 이상 올랐음을 볼 수 있다. 충분히 확인한 뒤 진입하는 것이 중요하다.

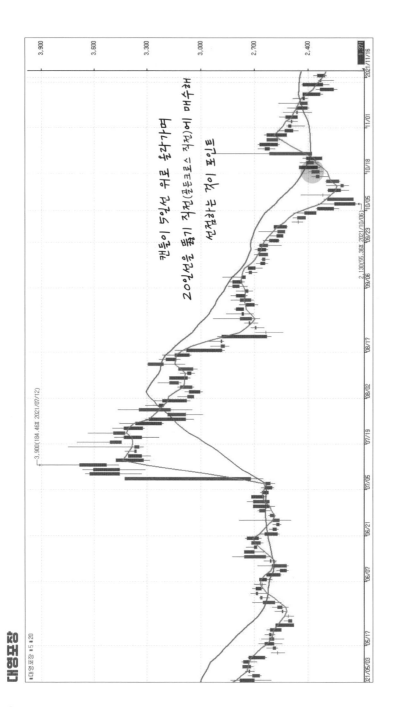

대영포장

캔들차트의 움직임으로 볼 때 변곡점이며
200일선은 중기 추세(골든크로스 지점)에 매수해
선점하는 것이 포인트

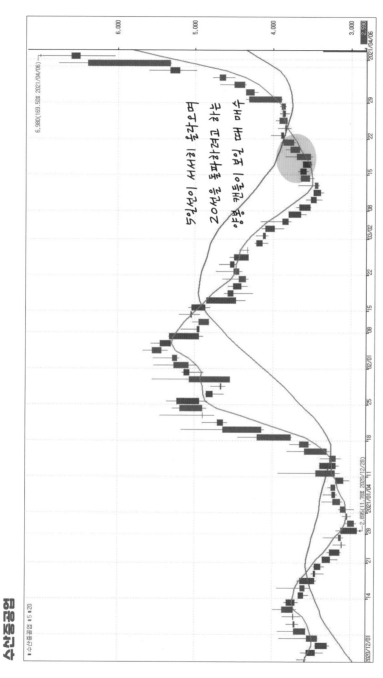

수산중공업

• 수산중공업 ■5 ■20

6.980(169.50% 2021/04/06)

6,000

5,000

4,000

└-2,695(11.76% 2020/12/28)
2021/01/04   2020/12/28
3,000

2,598
2021/04/06

2020/12/01

'14 '21 '28 '04 '11 '18 '25 '02 '08 '15 '22 '29 '03/02 '08 '15 '22 '29 2021/04/06

골든크로스가 되고 나서 매매하는 것보다 먼저 선점할 수 있다면 여러모로 좋다. 주가는 더 저렴하게, 수량은 더 많이 챙길 수 있기 때문이다. 신뢰도 높은 이평선을 이용해 급등 전에 선점해보자.

(세로쓰기 메모)
뒷심이 서서히 살려나며 20이평선을 돌파하는 캔들을 이용 봐 줘 캔들 돌파

CHAPTER 3 추세의 최고 조력자, 이동평균선 —— **83**

20 이동평균선 심화 매매 2편

5-20일선을 이용한 하이브리드 매매 방식은 골든크로스보다 조금 더 선행해서 저렴한 가격에 주식을 매수할 수 있는 장점이 있다. 하지만 언제나 주가가 상승하지는 않는다. 훌륭한 기법이어도 주가는 예측을 벗어나 하락하는 경우가 존재한다. 이럴 때 '무조건 손절해야 하나?' 혹은 '추가 매수를 해야 하나?' 하는 고민이 들 수밖에 없다. 이번에는 손절에 어려움을 느끼는 초보자도 큰 고민 없이 추가 매수를 통해 수익으로 내는 방법에 대해 말해보자.

추가 매수를 하는 목적은 자신이 기존에 매수했던 주식의 평균 매입가를 낮추기 위함이다. 즉 현재는 주식이 하락하고 있지만, 평균 매입가를 낮춰 반등해 상승할 때 탈출하는 것이 목표인 매매 기법이다. 매매 포인트는 5-20일선 사이에 양봉일 때 매수하는 것이다. 추가 매수의 타이밍도 당연히 5-20일선 사이에서 양봉일 때다. 예시를 보면서 매수 자리를 공부해보자.

보성파워텍 차트에서 4,800원 이후로 2달 내내 연속으로 하락하다가 1번 동그라미 부근을 매수 지점으로 잡고 매수를 시행했다. 추가로 하락하면 어떻게 해야 할까? 칼같이 손절하기보다는 2차 매수 타점까지 기다려본다.

2차 매수 지점은 1차 매수 지점보다 당연히 하락한 구간이어야 하며, 5-20일선 사이에 양봉 캔들이 출현해야 한다. 즉 2번 자리에서 2차 매수를 시행한 뒤, 그 이후의 주가 흐름을 살펴보면 상승해 수익실현이 가능함을 볼 수 있다. 3차 매수까지는 권하지 않으니 주의하자. 3차 매수까지 가게 되면 비중이 너무 과하게 쏠려 전체 계좌의 균형이 깨질 수 있기 때문이다.

손절의 적절한 지점은 어디로 잡아야 할까? 최종 매매 지점 근처에서 최저점을 이탈할 시 손절하면 된다. 보성파워텍 차트에서 네모 표시를 손절선으로 두고 대응함이 옳다.

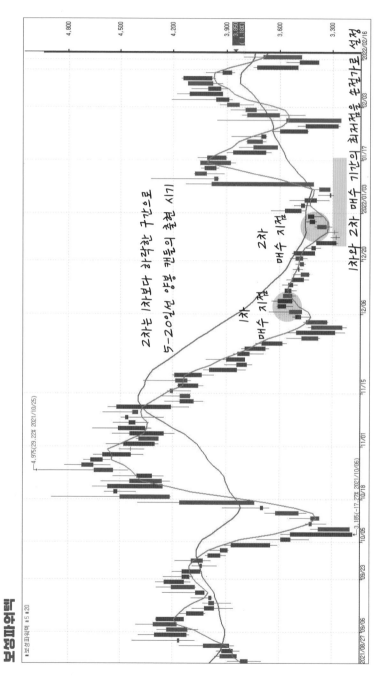

5일선 위에 20일선 아래에 양봉 봉 캔들이 나타날 시 매수하는 기법이다. 저점에서 매매하기 때문에 상대적으로 안정적이며, 신

뢰도 높은 이평선을 활용하기에 기법이 어렵지 않고 수익을 올려간다.

2차와 1차보다 하락한 구간으로 5~20일선 양봉 캔들의 출현 시기

2차 매수 시점

2차

1차 매수 시점

1차

1차와 2차 매수 기간의 최저점을 손절가로 설정

21 이동평균선 심화 매매 3편

이번에는 상승 국면 속에서 이평선을 이용해 매매 타점을 잡는 전략이다. 앞서 소개한 매매법은 하락추세 속에서의 변곡점을 잡아내어 상승추세 때 차익을 얻기 위한 매매 기법이라면, 이번에는 상승추세 속 매매 타점을 잡는 방식이다. 하락추세를 이용한 기법보다는 수익성이 좋은 매매 기법이니 잘 익혀두자.

상승 국면은 어떤 모습을 띠고 있는가? 주가는 우상향하고 있으며 이평선상 정배열을 띠고 있고 계속 상승해왔으니 당연히 저점보다는 고점에 가까운 모습일 것이다. 이러한 환경에서 진행되는 매매 방식은 다음과 같다.

① 상승추세를 이어나가는 종목이라는 전제에서, 5일 이평선 위에 주가가 위치해야 한다.

② 그러면서 상승추세가 잠시 꺾이며 주식가격 조정 구간을 준다(음봉 발생).

③ 5일선과 20일선 사이에 양봉 캔들이 발생한다.

④ 이때 발생한 양봉 캔들에서 매수한다.

⑤ 손절선은 종가 기준으로 20일선이 이탈할 때 설정한다.

⑥ 기대수익의 범위는 3~5%로 설정한다.

미래생명자원 차트는 좋은 예시다. 해당 주식의 모습을 보면 상승추세를 이어나가다가 단기적으로 하락눌림이 발생하는 것을 관찰할 수 있다. 그리고 5-20일 이평선 사이에 발행하는 양봉 캔들에 매수했을 때, 이후 흐름은 상승함을 볼 수 있다. 장중에 캔들이 양봉으로 마감될지 음봉으로 마감될지는 모르기 때문에 가급적 주식시장 마감 시간(종가)에 매수를 진행하는 것을 권유한다. 손절 역시 마감 시간(종가)에 행해야 한다.

퍼스텍 역시 좋은 사례다. 미래생명자원과 공통점은 강한 상승추세라는 점을 명심하자. 같은 메커니즘으로 동그라미 표시와 같은 매매 기회를 한 번쯤은 제공한다.

미래생명자원

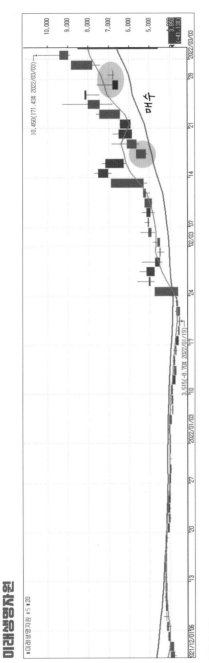

픽스딕

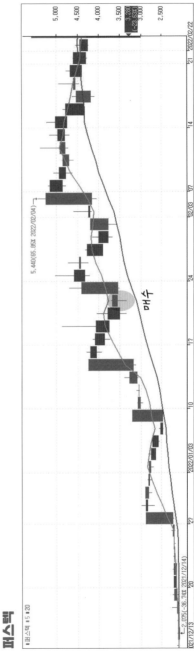

강한 상승추세 속에서 5일선과 20일선을 이용한 매매다. 상승하다가 눌림을 주는 사례며, 5일선 아래, 20일선 위에 양봉 캔들이 발생했을 때 매수한다.

22 경기 사이클을 파악하는 데 중요한 지표 120일선

　　주식투자를 가장 편하게 하는 방법은 주식시장의 대세 상승장에서 매매하는 것이다. 대세 상승장에서는 어차피 모든 종목이 우상향하니 어떤 종목을 잡아도 수익을 볼 수 있지 않은가? 아무리 저평가되고 좋은 종목이어도 시장의 흐름을 무시하기는 불가능하다. 따라서 그만큼 주식시장의 미래, 예측 등을 알아보고 분석하는 것은 매우 중요하다.

　　대체로는 달러환율이 오르면 주식시장은 하락한다고 하며, 달러환율이 떨어지면 주식시장은 상승기를 맞이한다고들 한다. 하지만 이평선만 잘 사용하더라도 주식시장 예측이 어느 정도는 가능하다.

　　이평선은 선마다 제각각의 특징이 존재한다. 5일선은 단기 트레이딩에 특화되어 있으며, 스윙 트레이딩에 있어서 20일선은 황금선으로도 이야기하고는 한다. 120일 이평선은 시장 사이클 예측에 매우 중요한 지표로 활용한다.

1페이지 주가차트

120일은 약 6개월간의 기간을 의미한다. 지수 차트에서 120일선을 중심으로 상방에 위치하냐, 하방에 위치하냐를 보고 전반적인 경기 사이클을 파악하기 좋다. 120일선 위에 위치한다면 지수가 대세 상승에 접어들 가능성이 크며, 모든 종목이 상승할 가능성 역시 커지기 때문이다.

한 예로 코스피 차트 1과 같이 2008년 서브프라임 사태 이후 2009년 3월 즈음부터 120일선 지수 회복을 보고 많은 전문가가 중요한 변곡점으로 점치기도 했으며, 그 이후로도 약 3여 년간 우상향의 상승장이 오기도 했다.

코스피 차트 2에서처럼 추세를 이탈할 뻔도 했지만, 120일선 위로 올라선 지표답게 금세 다시 추세를 유지해갔음을 볼 수 있다. 이처럼 120일 이동평균선을 통해 중·장기 경기 사이클을 선제적으로 판단하고, 주식투자를 진행할 타이밍이 맞는지 재확인하는 과정이 필요하다.

코스피 1

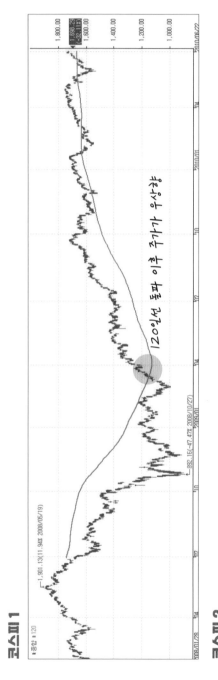

120일선 돌파 이후 주가가 우상향

코스피 2

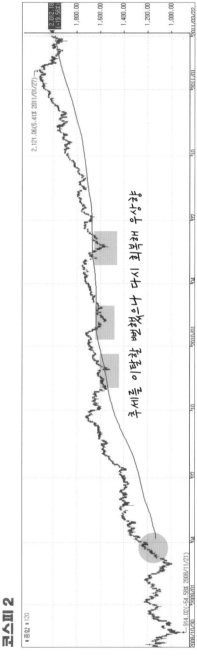

120일선 상향 돌파 이후 다시 하향 반전한 우하향 추세

코스피 또는 코스닥 차트에서 120일선을 보면 장기 경기 사이클을 예측할 수 있다. 주가가 120일선의 추세를 확실하게 이탈한 것이 아니라면 재회복 가능성이 크다.

23 큰 흐름 변화의 척도 300일선

주식이 큰 상승이 나오기 전에는 항상 소외되는 가격 구간이 존재한다. 거래량도 별로 없고, 해당 종목의 뉴스를 찾아봐도 최신 뉴스가 별로 없는 구간이다. 하지만 이렇게 소외되는 구간이야말로 주식을 모을 좋은 기회다. 소외되는 기간이 길면 길수록 응축된 에너지가 폭발하듯 더 큰 시세가 발생하는 게 주식의 성질이다.

그렇다면 소외된 종목의 특징을 미리 알고 선점한다면 향후 기대수익을 편하게 실현하지 않을까? 소외된 종목은 일반적으로 다음과 같은 특징을 가진다.

① 평소에 들어보지 못한 종목일 수 있다.
② 중·소형주 급의 규모이며 시가총액이 낮다.
③ 일일 거래량이 적다.

④ 상승추세가 아닌 횡보추세를 이어가는 종목일 가능성이 크다.

어느 정도 횡보를 이어가야 소외되는 기간이 길어지고 있다고 판단할 수 있을까? 기간은 대략 1년 정도로 보며 이평선도 그에 맞추어 300일선으로 적용한다. 필자의 경험을 토대로 1년 정도 되어야 시장에서 완전히 무시당하며 관심도 못 받는 상태라고 추정한 값이다. 300일선 매매의 콘셉트는 다음과 같다.

① 300일 이상 소외받은 종목이
② 이동평균선 300일선을 돌파하면서
③ 강한 거래량이 발생했을 때 매매한다.

이런 흐름으로 매매를 진행하며, 동아화성 차트를 보자. 300일선 이평선을 돌파하면서부터는 어떤 지점에서 매수했다 한들 손실이 나기 힘들다. 다만 확실하게 일봉상 캔들의 종가가 이동평균선을 넘어주고 나서 진입하는 게 주요 포인트다.

공부란 반복 학습이 중요한 법이다. 일동제약 차트를 통해 다시 공부해보자. 이평선 300일선을 몇 번 두드린 뒤, 그 뒤로는 거침없이 주가가 몇 배나 상승했다. 조금 더 싸게 매수하는 것이 주식에서 도움이 되지만, 이 매매 전략은 충분히 저항대를 넘어준 뒤 매수를 하는 것이 포인트다.

300일선을 넘겨주려 할 때 거래량이 발생하지 않으면 가짜 돌파형이므로 주의해야 한다.

1페이지 주가차트

동아화성

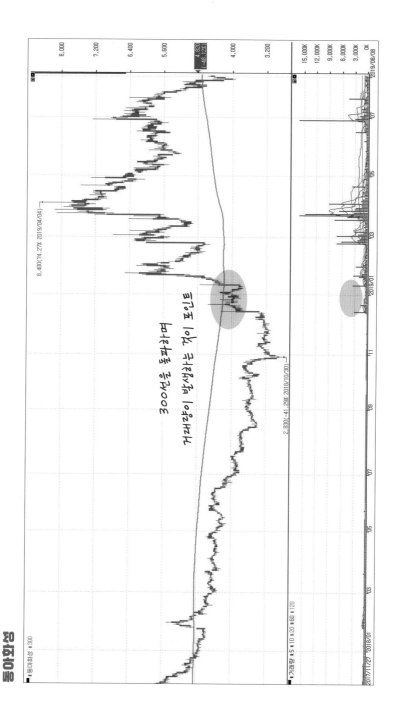

8,400(74.27% 2019/04/04)

300선을 돌파하며

최고조에서 찾을 수 발생하는 것이 최고조력

2,830(-41.29% 2018/10/30)

일동제약

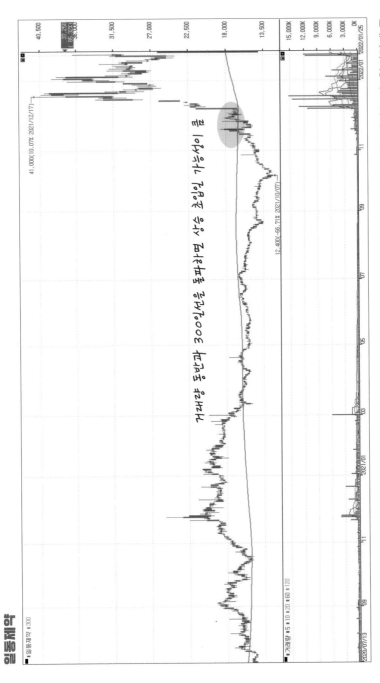

거래량 동반과 300억선을 돌파하면 상승 초입일 가능성이 큼

주목받지 못하는 중·소형주가 강한 거래량과 함께 300일선을 돌파해준다면 상승 추세의 초입일 가능성이 크다. 확실하게 돌파되고 나서 진입해도 늦지 않다.

1페이지 주가차트

24 1000일선을 통한 주가 위치 파악

💬　　주식에 재무적인 가치를 평가해 저평가된 주식을 매수해 주식을 보는 가치투자가 있듯 기술적인 관점에서 가치투자 방법도 존재한다. 이 방법을 위한 이평선은 1000일선이다.

이평선 1000일선은 3년간 주식 종가의 평균 가격이라고 보면 된다. 예를 들어 1000일선이 3천 원 부근에 있다면, 약 1천 일 동안 해당 주식의 평균적인 가격대는 약 3천 원 부근에서 머물렀다고 볼 수 있다. 이 종목이 재무적으로 크게 변동사항이 없다고 하면, 3년 정도의 주가가 이 종목의 적정가치라고 기술적으로 판단하는 것이다.

따라서 1000일선 아래에 주가가 위치하면 상대적으로 저평가되어 있다고 판단하며, 1000일선 위에 주가가 위치하면 고평가되었다고 기술적으로 판단한다. 3년 정도의 기간을 활용해 평균값을 찾아낸 이유는 보통 3년 정도가 주식시장의 상승 또는 하락 사이클을 전부 다 겪어 본 시간이기 때문이다. 1년 정도의 구간만 사용해 이평선을 사용했을 때, 상승장이었다면 이 종목의 적정 주가는 상당히 높이 측정되었을 수 있다. 결국 상승 또는 하락을 전부 다 겪었을 때 수렴하는 주식의 가격대가 적절할 것으로 판단해 1000일선을 사용했다.

주가가 평균 3천 원인데, 2천 원 초반대로 하락한다면 주식은 평균보다 저렴해지므로 매수하기에 유리해진다. 이처럼 아주 간단하게 평균값 대비 주가가 어느 정도 수준에 위치하는지에 대해 알 수 있다. 평균 이하의 주가가 위치했다고 해서 당장 상승을 예측하긴 어렵지만, 만약 장기투자를 선호한다면 이보다 쉬운 방법은 없을 것이다.

신화인터텍 차트를 보면 1000일선 아래에 주가가 위치한 동그라미 부근에서 매수해두고 장기투자 해두었다면 손실이 날 수가 없다.

부광약품의 주가를 봐도 매수하기 좋아 보인다. 1000일선 대비 많이 하락해 있기 때문이다. 향후 이 종목의 주가가 어떻게 흐르는지 관찰해보면 좋은 공부가 될 것이다.

신화인터넥

19/01/07   2022/06/24

CHAPTER 3 추세의 최고 조력자, 이동평균선 — **99**

1000일선은 대충 3년 정도의 평균 주식가격이다. 1000일선 아래로 주가가 내려온다면 매수 주요 기회대를 찾아가려는 성질이 있다. 전체적인 시장 지수가 안 좋아 하락해 1000일선 밑으로 내려간 종목은 시장 회복 시 주가가 다시 오를 가능성이 매우 크다. 다만 시간은 조금 소요될 수 있다.

25 종목에 따라 이동평균선은 다르게 사용해야 한다

이평선은 도대체 왜 사용하는 걸까? 그 목적은 바로 추세를 파악하기 위함이다. 앞서 이평선 매매 기법을 적용하기 전에 앞서 스스로가 어떤 투자 포지션을 가졌는지를 재확인해야 한다.

예를 들어 주식을 전업으로 하는 투자자의 경우 생활비를 주식으로 대체하기 때문에 단기간에 수익이 꾸준히 발생해야 한다. 중기 혹은 장기투자에만 매달려서 주식거래를 할 수 없다. 따라서 이런 사람들은 3일선, 5일선 등의 단기 이평선을 사용해야 하는 것이 좋다. 반면 직장인 혹은 주식을 묻어두고 오랜 기간 뒤에 꺼내 확인하는 사람들은 20일선, 60일선 혹은 그 이상인 1000일선을 사용할 때도 있는 법이다.

자신의 성향에 따라 단·장기 이평선을 사용해야 하는 것도 맞지만, 종목에 따라도 재설정해줘야 한다. 예를 들어 시가총액이 낮은 코스닥 종목들의 경우는 재빠르게 상승하므로 단기 이평선을 적용해주는 게 좋고, 완만하게 상승하는 업종 대표주나 코스피 대형주는 중기 혹은 장기 이평선을 적용해 매매하는 것이 좋다. 즉 자신이 처한 환경과 매매하는 종목의 성격에 따라 자유롭게 변화해 적용하는 것이 현명하다.

SNT다이내믹스 차트를 보면 단기 이평선과 비슷한 흐름으로 주가가 상승하고 있다. 단기 이평선을 지지하며 상승하므로 그에 따른 매매 기법을 적용하면 된다.

삼성엔지니어링은 흐름이 확실히 세력주보다는 더디고 묵직하다. 이런 종목은 단기 이평선보다는 20일선 같은 스윙선이나 60일선을 이용해 맥점에서 매매하는 것이 더 선호된다.

따라서 이평선 자체가 아무리 유용한 보조지표라 하더라도 종목에 따라 단기인지 중기인지 정해봐야 한다.

SNT다이내믹스

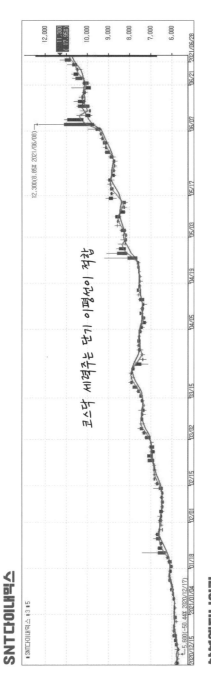

코스닥 세력주는 단기 이평선이 적합

삼성엔지니어링

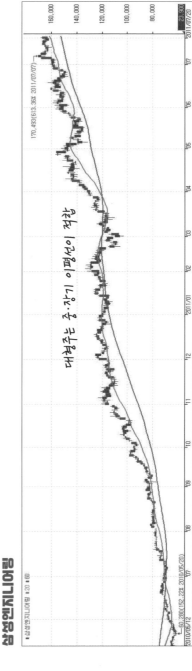

대형주는 중·장기 이평선이 적합

단기 이평선은 중·소형주가 잘 맞아떨어진다. 대형주는 중·장기 이평선의 적용이 더 잘 맞는다.

문장을 읽으려면 글자를 알아야 하듯, 주가차트를 해석하기 위해서는 캔들을 읽을 줄 알아야 한다. 캔들은 차트에서 가장 기본 단위의 언어다. 캔들을 통해 매수심리, 매도심리 등 투자심리를 이해할 수 있고 더 나아가 추세와 보조지표들과 연관 지어 훌륭한 매매 기법을 발견할 수 있다.

CHAPTER 4
캔들 없이 기술적 매매를
논하지 마라

26 캔들을 읽을 줄 알아야 한다

주가차트의 기본 중 기본은 당연 '봉(영어로는 캔들)'이다. 봉은 당일 주식가격의 고가·저가·시가·종가를 나타내며, 마치 촛불을 피우는 양초와 비슷하게 생겼다고 해서 '캔들'이라고도 부른다. 문장을 읽기 위해 글자를 알아야 하듯, 차트를 읽기 위해서는 캔들을 이해해야 한다. 캔들을 이해하지 못하면 주가차트를 봐도 아무것도 얻어내지 못한다. 캔들의 구성은 아래와 같다. 캔들(봉)은 고가, 저가, 시가, 종가와 같이 4가지 가격대를 나타낸다.

① 고가: 캔들(봉)의 최상단에 있는 가격
② 저가: 캔들(봉)의 최하단에 있는 가격
③ 시가: 주식시장 개장 시점에 형성되는 가격
④ 종가: 주식시장 종료 시점에 형성되는 가격

캔들

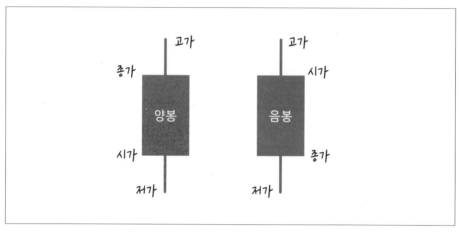

한글을 읽으려면 자음과 모음을 배워야 하듯, 주식을 읽으려면 캔들(봉)을 읽을 줄 알아야
한다.

　빨간색 캔들이 양봉이며, 오늘 시가보다 종가가 높은 상황을 의미한다. 매수
하려는 세력이 매도 세력보다 더 큰 상황이다. 주식투자자라면 모두가 좋아하
는 색상이며, 수익을 실현하는 구간이다.

　파란색 캔들은 음봉이며, 오늘 시가보다 종가가 낮은 상황을 의미한다. 즉
매수하려는 세력보다 매도하려는 세력이 더 큰 상황이다. 손절과 손실이 발생
할 수 있는 구간이다.

　양봉과 음봉은 단순히 나타내는 그 의미 이상의 가치가 있다. 이를 어떻게
해석하느냐가 관건이며 주식투자에서 캔들은 주식시장에서의 언어와 같다. 우
리가 언어를 모르면 해외에 나가서 아무 말도 못 하는 것처럼 차트에서 캔들을
모르면 대화가 통하지 않는다.

　도표를 보자. 캔들에서 고가와 저가는 실선으로 표현되고 '꼬리'라고 읽으

며, 캔들의 고가와 연관되는 위에 있는 꼬리는 '윗꼬리', 캔들의 저가와 연관되는 아래에 있는 꼬리는 '아랫꼬리'라고 읽는다. 종가와 시가를 이루는 두꺼운 캔들 부분은 '몸통'이라고 읽을 것이다.

27 캔들을 통해 심리를 알아보자

　　필자가 기술적 매매를 할 때 가장 참고하는 건 캔들(봉)의 형태다. 캔들에는 투자자들의 매수와 매도 심리가 거짓 없이 고스란히 반영되어 있으므로 우리가 캔들을 얼마나 잘 이해하고 해석하는지가 주가의 향후 움직임을 예상하는 데 큰 단서가 된다. 상승 여력이 보여 매수세가 몰린다든지, 하락의 징조가 보여 매도 심리가 반영된다든지 등 말이다.

　　몇 가지 알아두면 좋을 캔들의 유형에 대해 소개하겠다.

　　첫 번째, 윗꼬리가 있는 양봉이며 흔히들 주식세력의 매집봉이라고 부른다. 보통 거래량이 같이 발생해 매집봉이 출현하면, 추가 상승의 신호탄으로 해석한다. 이슈나 호재, 좋은 실적 등 매수의 긍정적인 신호로서 역할을 하는 캔들이다.

　　두 번째, 아랫꼬리 양봉의 모습으로 상승추세를 유지하려는 모습을 보여주

캔들의 모양

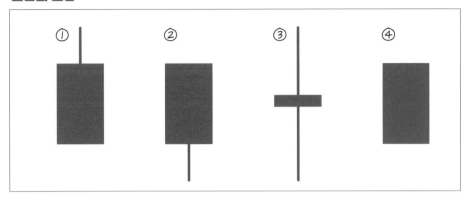

캔들을 통해 세력의 심리를 예측할 수 있다.

는 캔들이다. 장 초반에 음봉이었다가 시간이 지나 매수세가 강해지면서 가격을 끌어올리는 모습이다. 장 초반에 시장의 하락 등으로 주춤했다가 가격대를 지켜주는 매수세가 들어와 만들어지는 것이다.

세 번째, 십자모양의 캔들이다. 일부 투자자들은 도지모양캔들 혹은 샛별캔들이라고 부르는데 추세 변곡을 일으키는 신호가 된다. 상승추세에서는 하락 시그널이 될 수 있고, 하락추세에서는 상승 신호가 되기도 한다.

마지막으로, 꽉 찬 음봉 캔들이다. 필자가 제일 기피하는 캔들이며, 꼬리도 전혀 없는 모습은 아무런 매수세가 없이 매도하려는 힘만 장중 내내 강했음을 보여준다. 보통 이런 캔들이 발생하면 악재가 발생했을 가능성이 크다. 악재에는 기술적 반등이 없을 가능성이 크니 무조건 피하자. 이런 캔들은 앞으로도 하락추세가 유지될 것으로 예측 가능함을 우리는 추측할 수 있다.

앞서 소개한 4개 캔들은 모든 매매의 근간이 되고 기본 중의 기본이다. 존재하는 기법들은 이런 캔들의 심리를 통해 파생된 것이 많다.

28 캔들의 길이로 세력을 포착해보자

캔들의 모습은 주가의 등락률에 따라 형성된다. 등락폭이 작다면 캔들의 길이 또한 짧아질 것이고, 등락폭이 크다면 캔들의 길이는 길어진다.

등락폭이 크다는 것은 매수세가 강하다 혹은 매도세가 강하다는 의미다. 매도세가 강하면 캔들은 긴 음봉으로 나타날 것이며 매수세가 강하면 긴 양봉으로 나타날 것이다. 반대로 매도세가 약하면 캔들은 조그마한 음봉으로 형성될 것이며, 매수세가 약하면 조그마한 양봉으로 나타날 것이다.

여기서 조금 더 확인해봐야 할 것은 강한 매수 세력이 등장하게 되면 긴 양봉과 함께 주가는 급등(급한 상승)한다는 것이다. 반대의 경우도 마찬가지다. 따라서 캔들의 길이나 위아래 꼬리의 모습에 따라 당일 매수세가 강한지 매도세가 강한지 포착할 수 있으며, 세력의 등장 여부를 파악할 수 있다. 이러한 내용은 다른 보조지표들을 통해 알기 어려우므로 캔들을 잘 해석하는 것이 중요하다.

　3S의 차트를 보면서 살펴보자, 당일 매수 세력과 매도 세력의 힘이 비슷하다면 십자모습 혹은 샛별캔들의 형태를 띤다. 매수세가 강하면 3S의 사례와 같이 장대양봉이 출현할 것이며 매도세가 강하면 장대음봉이 출현할 것이다. 따라서 장대음봉이 출현한다 싶으면 주가를 떨어뜨리려는 의지가 더 강하기 때문에 매도 타이밍으로 볼 수 있고, 반대로 장대양봉의 출현은 추가 상승 의지를 볼 수 있어 매수 타이밍으로 볼 수 있다. 따라서 당일 출현하는 3~5% 이상의 장대양봉을 통해 세력의 유무를 파악할 수 있다.

　여기서 투자 팁으로는 만약 장대양봉이 당일 출현했다면 이동평균선상 정배열임을 확인해보자. 상승추세 속에서의 장대양봉이 추가 상승 가능성이 훨씬 커졌기 때문이다.

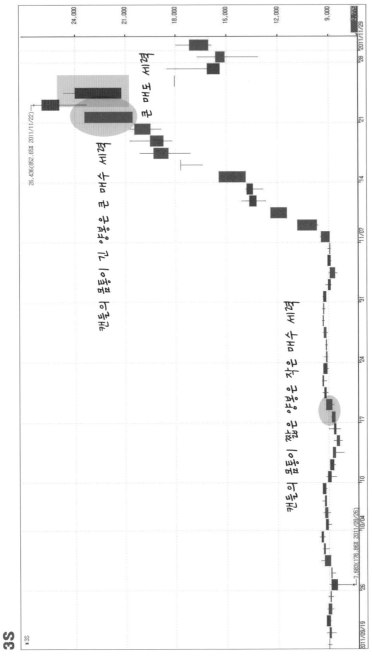

캔들의 길이를 통해 그 세력의 힘을 알 수 있다. 캔들의 꼬리보다는 캔들의 몸통 자체가 긴 것이 더 큰 세력이 유입되었다고 추측할 수 있다.

29 적삼병과 흑삼병을 통해 심리를 알 수 있다

적삼병과 흑삼병, 캔들 흐름을 설명할 때 빼놓을 수 없는 것들이다. 양봉이 3개 연속으로 잇달아 발생하는 것이 적삼병이고, 음봉 3개가 연속인 패턴으로 나오는 것이 흑삼병이다. '병'이라는 글자가 들어간 것은 일본식 표현이긴 한데, 3개 이상의 막대가 나란히 놓여 있는 것이 병사의 모습과 같다 해서 붙여졌다.

적삼병의 경우 일봉 기준으로 보면 3일 내내 매수하려는 힘이 강했음을 의미하고, 상승추세로 돌아설 의미도 높다. 따라서 하락추세의 흐름이 진행되는 어떤 종목의 차트에서 적삼병의 패턴이 발생한다면 하락 국면은 끝, 상승 국면의 시작이라고 생각할 수 있다.

때로는 주식시장 전체적으로 좋아서 적삼병이 나오는 경우도 많다. 하지만 이 역시 시장의 전체적인 투자심리가 회복되고 있는 것으로 볼 수 있으니 호재라고 이해하면 된다.

시간의 흐름이 길어지면 길어질수록 효과가 더 좋다. 분봉보다 일봉보다 주봉, 주봉보다 월봉에 패턴이 더 잘 먹히는 것으로 보인다.

흑삼병은 적삼병의 반대라고 보면 된다. 상승추세에서의 흑삼병 패턴이 출현하게 되면 더 이상 상승을 예견하기보다는 하락에 대비해야 한다.

아프리카TV 차트를 통해 배워보자. 흑삼병이 출연하고 나서 단기 하락 국면으로 접어들었고, 며칠 뒤 적삼병의 출현 후 주가가 6만 원에서 8만 5천 원까지 금세 급등해 상승한 것을 볼 수 있다.

적삼병과 흑삼병을 통한 매매 전략은 다음과 같다.

① 하락추세 속 적삼병 출현 시 매수 구간
② 상승추세 속 흑삼병 출현 시 매도 구간

적삼병 이후 조정이 와도 추가 상승을 기대할 수 있으므로 매수하기 좋으며 흑삼병 출현 이후로는 더 큰 하락이 뻔히 보이기 때문에 빠르게 손절매하고 다른 종목으로 투자를 옮기는 것이 좋다.

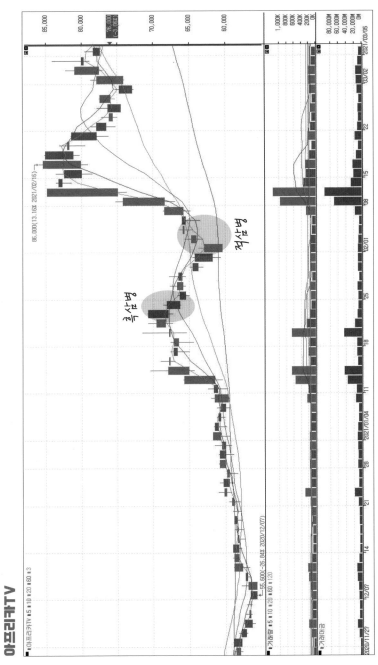

흑삼병과 적삼병이 존재는 상승과 하락을 결정짓는 신뢰도가 매우 높다. 3일이나 지속해서 음직임을 통해 주가의 상승 의지 및 하락 의지를 엿볼 수 있다.

30 캔들과 추세는 같이 쓰면 시너지가 나온다 1편

앞서 본 것과 같이 캔들 모습은 매우 다양하다. 하지만 단순히 캔들만 가지고 매매하는 것보다 승률을 높이기 위한 팁이 존재한다. 캔들과 추세를 같이 이용하는 것이다. 이를 통해 언제 매수 또는 매도하는지 타이밍을 알아보자.

하락추세와 상승추세, 횡보추세에서 가장 큰 기대이익을 얻을 수 있는 흐름은 하락추세에서 상승추세로 돌아서는 구간을 포착하는 것이다. 이 구간은 캔들의 모습이 어떤 형태를 띠느냐를 파악해보자.

아랫꼬리는 하락 속에서도 가격대를 지지하려는 의지가 있으며, 양봉은 매수세가 강할 때 나타난다. 이 둘을 하락추세 속에서 합쳐지면 강하게 추세를 전환시키려는 의미로 보며, 그 이후 흐름은 상승추세로 흘러갈 가능성이 크다. 지속적인 추가 상승을 기대하고 종가베팅˙으로 응용하는 직장인 투자자들도 꽤 많다.

하락추세 속 아랫꼬리가 길게 달리는 캔들 및 양봉 캔들

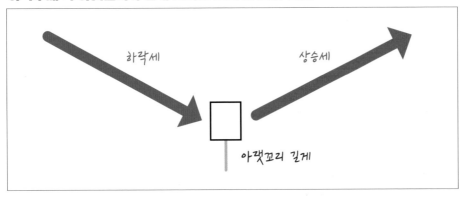

HL D&I의 차트처럼 주가가 지속 하락하고 있는 와중에 8/6 캔들처럼 아랫꼬리가 길게 붙은 캔들 또는 도지형 캔들을 보여주면 어느 정도 하락추세를 마감했다고 보고 다음 날 양봉도 나와주니 추가 상승을 기대할 법하다. 아랫꼬리 캔들의 모습은 양봉이든 음봉이든 큰 상관은 없으나 다음의 2가지 조건은 충족시켜야 한다.

① 하락추세여야 한다는 점
② 아랫꼬리 이후 다음 날은 양봉이 나와야 한다는 점

• 주식시장의 종가에 사서 다음날 시세차익을 보는 매매

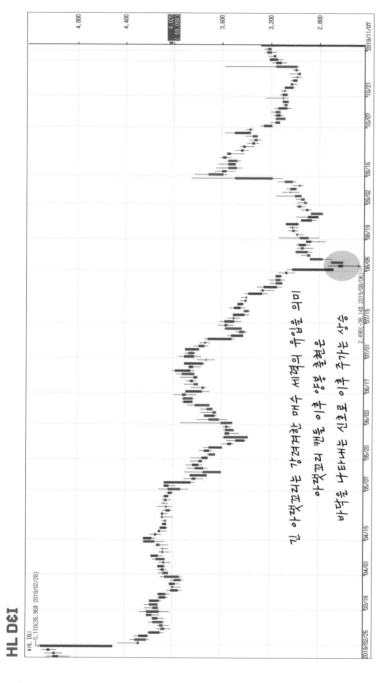

아랫꼬리는 매수 의지를 나타내는 주요 신호다. 지속해서 하락하던 종목이 아랫꼬리를 보여줬다면 어떻게도 반등을 보여주겠
다는 신호로 해석할 수 있다.

31 캔들과 추세는 같이 쓰면 시너지가 나온다 2편

박스권 혹은 횡보 구간의 추세가 지속될 때, 주가는 언젠가는 위로 상승하거나 아래로 하락하는 움직임을 보여준다. 그런데 이제 주가가 어느 정도 가격대에 위치하는지에 따라 예측이 가능한 부분이기는 하다. 1년 정도 기간 내에서 주가가 고점인 상황 속에서 횡보 구간이 지속되면 상대적으로 하락할 가능성이 커지고, 저점인 상황에서 횡보가 지속되면 상승추세로 접어들 가능성이 크다. 여기에서 이제 캔들을 이용해 가능성을 더 높일 수 있다.

① 횡보 및 박스권 추세를 유지하는 종목을 찾아낸다.
② 박스권의 상단저항대를 뚫어주는 양봉이 발생한다.
③ 거래량이 동반된 양봉일수록 더 좋다.
④ 양봉의 모습이 꽉 찬 양봉일수록 좋다.

이런 흐름을 발견한다면 상승추세의 초입이라 판단해 매수가 가능해진다. 코오롱 차트를 보면 주가가 2020년 9월부터 6개월가량 횡보하다가 이를 끊어내는 양봉이 튀어나온 이후 주가가 지속 상승함을 볼 수 있다. 박스권은 쉽게 돌파되지 않는다. 특정한 뉴스, 호재가 수반되어야 하는 것이 일반적이다. 만약에 아무 뉴스나 이슈 없이 주가가 상승했다면 의심해볼 필요가 있다.

하이브 차트도 비슷한 흐름을 보여준다. 2020년 12월부터 약 2개월간 횡보를 이어가다가 이 구간을 끊어내는 양봉 출현 이후 주가가 전환되었다. 그 이후 지속적인 상승을 보이다가 약 한 달이 채 안 되는 시간 동안 주가가 30% 이상 상승했다.

밀어내는 양봉의 의미는 강한 매수세를 의미한다. 지지부진하던 박스권을 끊어내고 상승 국면에 진입하고자 하는 의지가 엿보인다. 이런 종목들은 시장에서 계속해서 주목받고 그로 인해 추가 상승을 줄 가능성이 크므로 빠르게 선점하도록 하자.

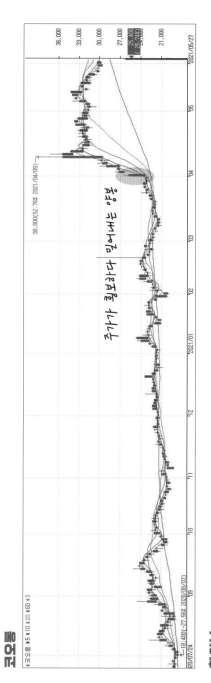

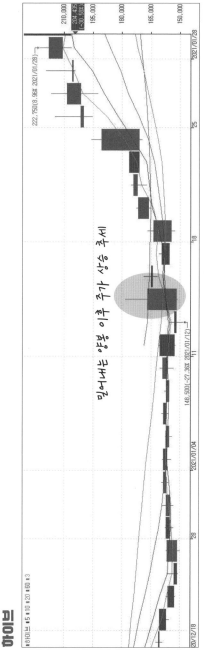

박스권을 돌파한다는 것은 강한 저항대를 뚫는 매수 세력이 존재한다는 의미다. 돌파한 이유는 주가가 더 상승하게 만들어 시세차익을 얻고자 함이다.

32 캔들과 추세는 같이 쓰면 시너지가 나온다 3편

자주 사용하는 캔들의 패턴 중 하락장악형과 상승장악형 패턴이 있다. 장악이라는 단어가 생소할 수 있으므로 용어를 한번 정리해보자.

- 상승장악형: 주가의 하락추세에서 형성되는 이 패턴은 전일 음의 몸통을 다음 날의 긴 양의 몸통이 감싸 안는 형태로 하락추세를 상승추세로 반전시킬 가능성이 매우 큰 패턴이다. 두 번째 봉에 대량 거래가 수반되었다면 신뢰도가 더 증가한다.
- 하락장악형: 주가의 상승추세에서 형성되는 패턴으로 전일 양의 몸통을 다음 날의 긴 음의 몸통이 감싸 안는 형태로 이전까지의 상승추세를 하락으로 반전시킬 가능성이 매우 크다.

상승장악형은 보통 하락추세에서 발생한다. 음봉만큼의 하락분을 강한 양봉을 덮었기에 하락추세가 끝났고 상승추세의 시작으로 해석한다. 하락장악형은 반대의 의미다. 따라서 장악형 캔들의 모습에 초점을 맞추기보단 어떤 추세 속에서 출현하냐 여부가 더 중요하다. 즉 캔들에만 초점을 맞추거나 추세에만 초점을 맞추는 게 아닌 둘을 복합적으로 고려해야 진짜 주가의 흐름을 이해하는 데 도움이 된다.

하이브 차트를 통해 두 패턴을 배워보자. 왼쪽의 표시는 상승장악형이며 오른쪽의 표시는 하락장악형이다.

하락장악형에서 첫째 봉의 크기가 작고 두 번째 봉의 크기가 클수록 신뢰도는 증가한다.

상승장악형 이후 추세는 상당히 높은 확률로 상승 흐름을 이어나감을 볼 수 있다. 이러한 패턴들이 눈에 자주 들어와야 주가 예측이 쉬워진다. 하락추세에서 음봉 속 강한 양봉의 출현은 '상승 전조증상'으로 볼 수 있고 상승추세에서 양봉 속 강한 음봉은 '하락 전조증상'으로 볼 수 있다. 이렇게 큰 흐름을 읽을 수 있는지가 차트 매매를 함에 있어 조급하지 않고 인내심 있게 매매하는 데 도움을 많이 준다.

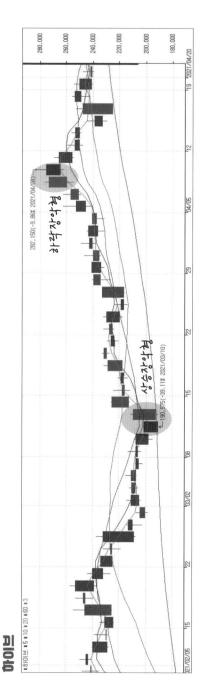

아이이

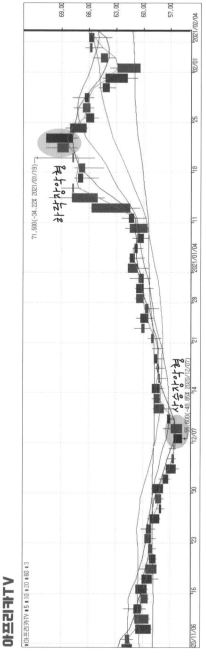

아프리카TV

볼 때 가격은 더 강하다고 볼 수 있다. 이것은 아이디어 부분에서 방향이 옳용을 반면 가격이 상승하는 것은 그 가격의 응용이 방향이 옳용을 많이 방향이 그리고, 상용하는 가격이 응용이 옳용을 방향이 그리고 맞은 방향이 가격의 상성이 그리고.

33 동일한 캔들도 위치에 따라 해석이 달라진다

종가가 당일 저가보다 높게 형성되면 아랫꼬리가 발생하고, 종가가 당일 고가보다 낮게 형성되면 윗꼬리가 발생한다. 또한 종가가 당일 고가에서 많이 하락할수록 윗꼬리는 길어지며, 당일 저가에서 많이 상승할수록 아랫꼬리는 길어진다. 몸통 길이와 비교해 꼬리가 긴 캔들을 '우산형'이라고 하는데, 우산형 캔들은 크게 2가지로 나눠진다.

- 저점에서 발생하는 '망치형'
- 고점에서 발생하는 '교수형'

생긴 것은 둘이 비슷하다. 아랫꼬리가 길고 몸통은 짧다. 하지만 어디 위치했느냐에 따라 차이가 크다.

주가가 하락추세에 있을 때 발생한 아랫꼬리가 달린 봉을 망치형 캔들이라고 한다. 계속해서 빠지던 주식은 어느 시점에서 데드캣 바운스가 나올 수 있는데 이때 저점이라 오판해 잡을 경우 추가 하락세에 단기 손실로 이어질 수 있다. 이때 망치형 캔들을 확인하고 진입한다면 바닥의 신뢰도가 높아질 수 있다. 망치형 캔들은 하락추세의 저점에서 아랫꼬리가 몸통보다 긴 캔들이 나올 때를 의미한다. 양봉이면 좋으나 크게 색상이 중요하지는 않다. SK가스처럼 계속해서 하락추세이다가 2020년 3월 중순에 망치형 캔들이 발생하고 나서 주가가 강하게 반등함을 볼 수 있다. 상승 반전의 신뢰도가 높은 캔들이다.

반대로 교수형 캔들은 보통 고점에서 발생하는데, 하락 반전의 신뢰도가 높은 종목이므로 발견했다면 주의해야 한다. 고점에서 발생하며 아랫꼬리가 긴 캔들이 발생하면 그 캔들이 바로 교수형 캔들이다. 삼성전자의 주가는 4만 원부터 5만 7천 원까지 지속해서 상승하다가, 교수형 캔들이 발생하고 추세가 하락전환되어 다시 4만 원대로 진입했다.

교수형 캔들과 망치형 캔들은 동일한 캔들이지만, 단순히 캔들만 볼 게 아니라 주가가 고점에 위치하는지 저점에 위치하는지 문맥도 같이 읽어야 한다.

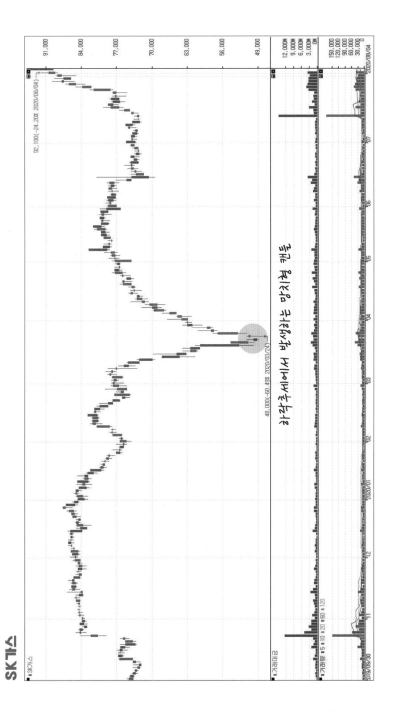

SK가스

91,000
84,000
77,000
70,000
63,000
56,000
49,000

92,100((-24.20% 2020/08/04)

48,000(-60.4% 2020/03/24)

하락장에서 저점을 잡아주는 신뢰선 캔들

12,000
9,000
6,000
3,000
0

150,000
120,000
90,000
60,000
30,000

2020/08/04

'07

'06

'05

'04

'03

'02

2020/01

'12

'11

2019/09/30

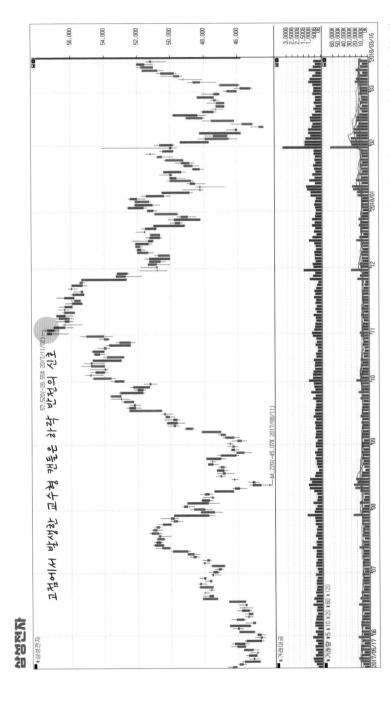

삼성전자

망치형과 교수형의 캔들 모습은 비슷하다. 다만 전체적인 주가의 위치가 저점이냐, 고점이냐에 따라 해석은 정반대다. 캔들만 보지 말고 전체적인 흐름에서 차트를 바라봐야 한다.

34 갭(GAP)은 강력한 지지이자 저항이다

주가차트에는 갭(GAP)이라는 구간이 존재한다. 빈 공간이라는 의미의 갭은 Day 1의 종가와 Day 2의 시초 가격에서 괴리가 발생하기 때문에 생기는 현상이다. 3천 원 종목의 주가가 매수세가 몰려 3,500원부터 거래가 시작된다면, 3천~3,500원 사이의 구간은 갭이 된다. 즉 이렇게 빈 공간은 왜 발생하는지부터 알아야 한다.

일반적으로 갭의 발생 상황은 다음과 같다.

① 상한가(30%)에 도달할 만큼 매수세가 강한 종목의 다음 날에는 보통 갭이 발생 경우

② 주식시장 마감 이후 좋은 뉴스가 생겨서 다음 날 시초에서 갭을 띄어서 시작하는 경우

③ 주식시장 마감 이후 악재가 발생해서 다음 날 시초에서 갭을 하락해 시작
　하는 경우
④ 악재로 인해 과대하게 하락한 종목의 경우

　이런 경우 다음 날 시초에 갭을 띄우며 시작할 수 있다. 결국 호재나 악재에 강한 영향을 주는 일이 발생하면 갭이 발생하곤 한다. 이러한 갭은 강력한 지지대이자 저항대로 작용한다.

　3S처럼 갭을 띄운 종목이 상승추세를 이어가다가 눌림을 줄 때, 갭 부근에서 지지하는 모습을 관찰할 수 있다. 이 부근은 강력한 매수 구간이며 반등을 할 확률이 매우 높다. 주식시장에서 갭이 발생하는 종목은 생각보다 많지 않으며, 따라서 종목 수를 압축할 수 있기 때문에 종목선정에 편리하다.

　효성은 대형 종목이지만, 갭 적용은 여느 종목들과 동일하게 가능하다. 네모 표시처럼 강한 갭은 강한 저항대로도 작용하기 때문에 주가가 다시 재차 상승하더라도 동그라미 구간처럼 추가 상승하지 못하고 주가가 하락하게 될 가능성이 크다. 따라서 주가가 더 상승하는지 못하는지 예측이 되지 않기 때문에, 갭 부근에서 일부는 수익을 실현하는 것이 좋다.

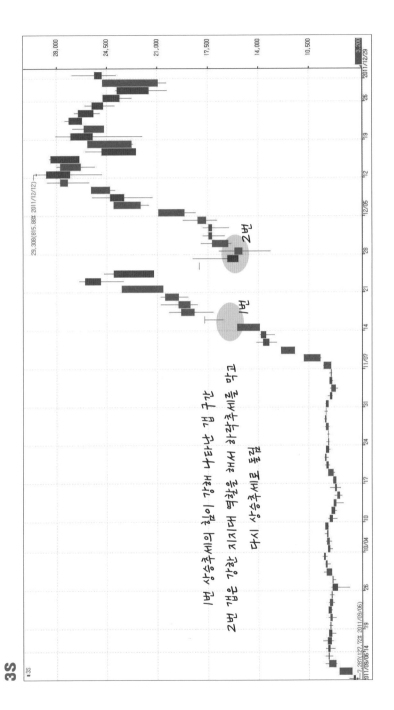

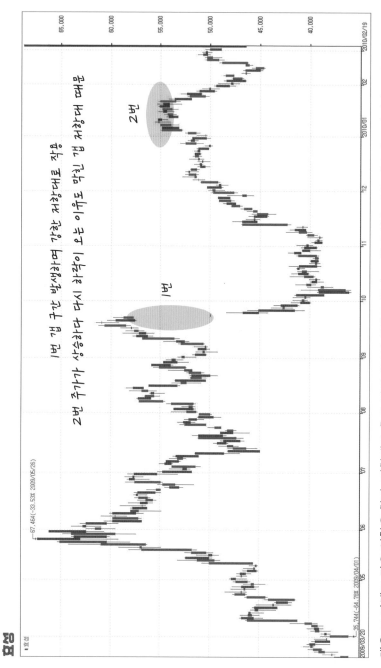

갭은 그 자체로 많은 역할을 한다. 저항대로 혹은 지지대로서 역할도 한다. 또한 주식은 갭을 메우려는 성질이 존재한다. 이를 이용해 목표가를 설정하는데도 용이하다.

35 급등 이전에는 OO캔들 패턴이 보인다

십자캔들 패턴은 캔들의 모습이 십자(十) 모습을 띠고 있는 캔들을 의미한다. 이러한 캔들의 등장은 보통 급등 이전에 나타나곤 한다. 샛별 패턴, 도지형(십자가) 패턴이라도 이야기하며, 사칙연산의 더하기(+) 모습의 캔들이다.

이런 모습을 띠는 이유는 매수세와 매도세가 균일하게 대립 중이어서 발생한다. 매도하려는 세력의 크기와 매수하려는 세력의 크기가 균일한 상황이다. 다만 조금 더 매매 확률을 올릴 수 있는 십자캔들은 색상을 잘 지켜보면 된다. 양봉(붉은색) 십자캔들과 음봉(파란색) 십자캔들이 있는데, 개인적으로는 붉은색을 띠고 있는 양봉 십자캔들이 매수세가 더 강하기 때문에 더 좋아한다.

단순히 십자캔들 패턴의 등장만으로 매매하기에는 막연한 부분이 있으므로, 다음과 같은 상황에서 십자캔들 패턴 출현 시 매매하는 것을 권유한다.

① 이동평균선 20일선 위에서 십자캔들이 출현하면 좋다.

② 이동평균선이 정배열 상황이면 더 좋다. ← 선택조건

③ 주가가 고점에서 횡보하다가 출현하는 십자캔들은 추가 상승의 기대감이 있다.

3개의 조건에서 십자캔들 기법을 적용하면 상당히 수익 확률이 높아지므로 잘 익혀두어야 한다. 우리기술 차트에서 동그라미로 표시한 부분이 샛별형 도지캔들이다. 20일선과의 거리가 가까워짐에 따라 급등이 발생한 것이 관찰된다. 또한 주가가 어느 정도 상승해 있는 상태에서 횡보 구간도 충분히 가져주니 안정적으로 급등함을 볼 수 있다.

한신기계도 십자캔들 패턴 매매로 수익을 볼 수 있었던 사례다. 게다가 양봉 십자캔들에 이동평균선 상위에 존재, 그리고 충분한 횡보를 함으로써 다음 날 상한가라는 급등을 이루어냈다. 십자캔들 패턴은 급등 전 도약을 딛는 것과 같은 존재다.

1페이지 주가차트

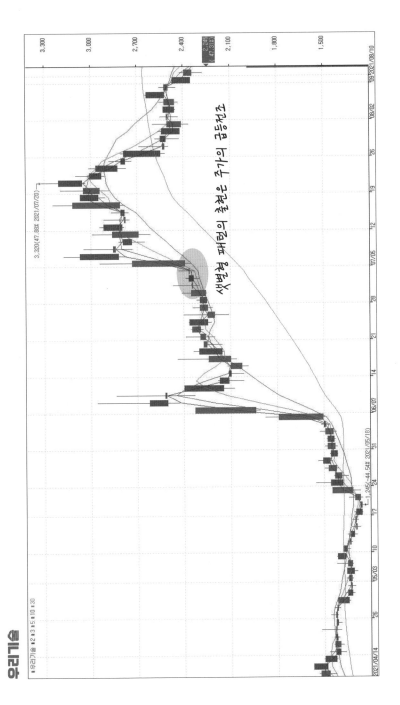

우리기술

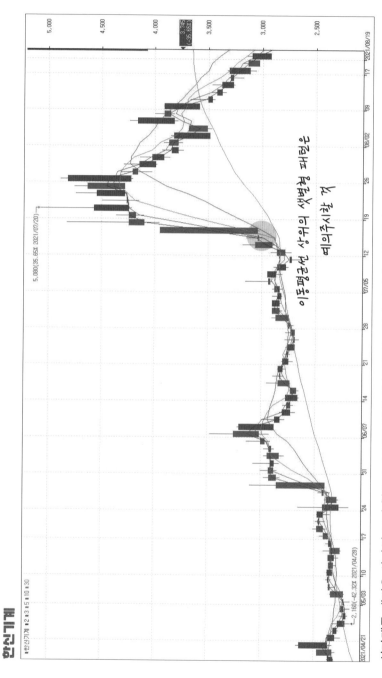

십자캔들 패턴은 상당히 보기 힘들다. 그리고 여러 번 발생하는 것이 아니라 포착 기회가 많이 없다. 하지만 발견하게 된다면 신뢰성이 상당히 높다. 십자캔들들은 강한 상승의 전조증상이다.

36 쌍봉차트를 나쁘게만 볼 필요 없다

주식, 코인, 선물 매매를 하면 자주 볼 수 있는 패턴으로 쌍봉(Double Top) 고점을 두 번 체크하는 형태다. 쌍봉의 어원은 낙타의 등처럼 2개의 봉우리와 흐름이 비슷하다는 의미로 발생했다. 그리고 쌍봉차트의 출현은 상승추세는 끝이 나고 하락의 전조탄이라는 인식이 일반적이고 맞는 말이다.

결국 두 번이나 특정 가격 저항을 넘지 못했을 때 하락하는 차트 흐름을 의미한다. 이렇게 되면 당연히 고점을 돌파해 주가가 더 오를 거라는 기대감보다는 이제 하락의 시작이구나 하는 관점으로 시장에서 받아들여진다. 그러고 나서 매도세도 더 강해진다. 이러한 흐름 때문에 개인 투자자들은 기피하는 흐름이기도 하다.

다만 이런 흐름을 이해하고 있고 역으로 이용하면 쌍봉차트 매매는 수익을 창출하기에 좋은 방법이 될 수 있다. 앞서 이야기했듯 쌍봉차트의 특징은 2번에 저항대를 부딪힌 뒤 하락이 나온다는 점이다. 그리고 큰 하락 이후로는 아주 높은 확률로 기술적 반등이 나오곤 한다. 따라서 매매의 콘셉트는 쌍봉을 만들어준 차트가 이후 과대하게 하락할 때까지 지켜보고 매수해 기술적인 반등이 발생하면 수익실현하는 흐름이다.

그럼 어느 지점까지 하락하고 나서 매수를 시작할까? 주가가 상승하기 이전 원위치로 회귀 혹은 그 아래로 하락했을 때 매수를 진행하는 것이 좋다. 상승에 대한 재료가 전부 소멸했다고 판단하기 때문이고, 주가가 더 하락하게 된다면 과하게 떨어졌다고 판단하기 때문에 과대 낙폭에 대한 기술적 반등을 노려볼 수 있기 때문이다.

한글과컴퓨터 차트를 보면 네모 표시가 상승하기 이전에 주가의 위치이고, 그 이후 상승해 쌍봉이 두 번 발생했고 주가가 30~40%가량 하락하며 원위치로 회귀했다. 저 정도는 하락해야 매수 시작 구간이다. 네모 구간에서 매수할 전략만 확실하다면 쌍봉차트의 발견은 향후 수익원이 될 좋은 종목들이 될 수 있으니 잘 기억해두자.

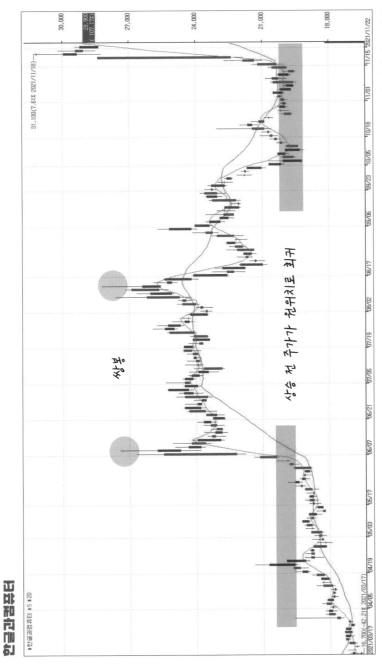

쌍봉차트 이후 주가는 하락하게 되어 있다. 하락 과정에서 억지로 매매하지 말고 충분히 관망해야 한다. 다시 원위치로 회귀하면 이보다 좋은 스윙 매매 타점이 없다.

37 음봉과 양봉을 통해 투자 전략을 세워보자

차트의 바닥을 잡아내는 주요한 매매 방법을 소개한다. 앞서 소개한 방식과는 조금 다르게 이동평균선은 전혀 사용하지 않으며, 캔들(봉)으로만 매매가 가능한 기법이다. 보조지표로는 거래량을 사용하므로 세팅해주도록 하자. 거래량은 실제로 거래되는 양으로 측정된다.

음봉일 때 거래량이 많을수록 매도하는 물량이 많은 것이니 안 좋다고 이야기하며, 반대로 양봉일 때 거래량이 많을수록 매수하는 물량이 많다고 볼 수 있으니 추가 상승 여력이 있다고 이야기할 수 있다. 거래량의 색상을 읽는 방법은 전일 대비해 많이 발생했을 때는 빨간 캔들로 나타나며, 전일 대비 적은 거래량이면 파란 캔들로 나타난다. 매매의 방식은 아래와 같다.

- 금일 음봉 캔들의 시가를 익일 발생하는 양봉의 종가가 넘어주는 모습
- 이때 양봉의 거래량이 많이 발생할수록 좋다.

이때 발생한 양봉에서 매수 진입을 할 수 있다. 이 매매 기법은 차트의 저점을 잡아내는 것을 목표로 사용하므로 주가차트가 하락추세에 있는 종목을 선정해 매매해야 한다. 거래가 많이 발생한 양봉의 의미는 많은 매도 물량을 소화하려는 매수 주체의 의지로 보인다.

티플랙스 차트를 예로 들어 설명해보면, 왼쪽 동그라미 표시는 음봉의 시가(3,866원)다. 이를 거래량이 어느 정도 발생한 양봉의 종가가 뛰어넘는 캔들이 오른쪽 동그라미 표시다. 이러한 캔들의 출현은 매수 타점이 되며, 이후 주가 흐름을 보면 우상향함을 알 수 있다.

아래의 차트 또한 살펴보자. 표시되어 있듯 음봉의 시가인 1,293원을 뛰어넘으며, 오른쪽 동그라미 표시를 보면 거래량 발생한 양봉이 포착되고 있다. 그 뒤로 우상향함을 볼 수 있다.

여기서 손절은 음봉의 저점 구간이다. 음봉의 저점 구간을 이탈하면 다시 하락추세의 시작 국면으로 접어들 수 있으니 확실하게 정리해주도록 하자.

티룹박스 1

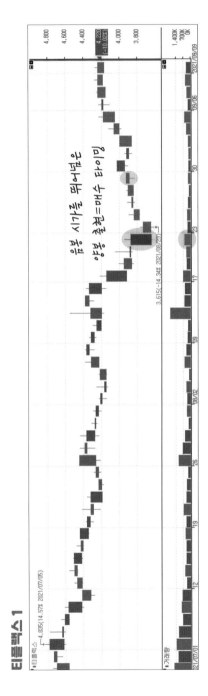

티룹박스 2

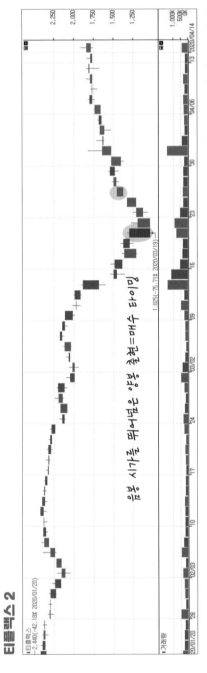

급격한 하락추세 속에서 발생한 음봉을 넘어서는 것은 큰 의미가 있다. 하락추세를 멈추고 상승추세로 돌리고자 하는 주식 세력의 의지를 엿볼 수 있다.

1페이지 주가차트

38 삼선전환도를 통해 매수·매도 포지션 잡기

　　삼선전환도는 주가가 상승에서 하락으로 또는 하락에서 상승으로 전환하는 시점을 파악하는 데 널리 이용되는 기법이다. 이는 주가 상승이 이전의 하락선 3개를 전환 돌파하는 경우 상승선을 그리고, 주가 하락이 이전의 상승선 3개를 전환 돌파하는 경우 하락선을 그려 이를 각각 상승과 하락의 신호를 본다. 일반적으로 사람들이 잘 사용하지 않지만, 추세의 전환(변곡)의 자리를 빨리 파악하는 데 완전히 유용한 보조지표다.

　　다만 종목선정 과정에서 심혈을 기울여야 한다. 주가 등락이 심한 소형주식보다는 시가총액이 크고 주가가 큰 추세를 가지고 움직이는 대형주에 적합하다. 예를 들어 특정 테마로 밥 먹듯이 상한가와 하한가를 넘나드는 코스닥의 시가총액이 낮은 종목들에서는 삼선전환도 매수 및 매도 신호를 받을 수 없다.

　　가급적 시가총액이 높은 대형주, 지수 추종하는 종목에 적용하는 것이 좋다.

매매 방법은 다음과 같다.

① 양선이 연속되다 음선이 발생하면 그때가 매도 신호다.
② 음선이 계속되다 양선이 발생하면 그때가 매수 포지션이다.

단기적 관점에서보다는 중장기적 관점에서 매수 및 매도 신호를 확실하게 나타내주는 특징이 있으니 참고하도록 한다.

SK가스의 차트를 보자. 이 경우를 보면 음선이 계속되다가 양선이 나오고 나서 추가 상승이 있음을 볼 수 있다. 따라서 음선이 지속되다 양선 발생 시 매수 신호로 보고, 반대로 양선이 유지되다 음선이 발생하면 매도 신호로 본다.

셀트리온 차트는 상승추세 속에서의 삼선전환도를 잘 쓰면 더 확률이 높다는 걸 보여주는 사례다. 매수 포인트는 주가가 상승추세 국면에 있을 때, 음선이 발생하다가 양선으로 변환될 때다. 상승추세가 꺾이고 나서는 반등의 힘이 확연하게 떨어지기 때문에 가급적 먼저 추세 확인을 하자.

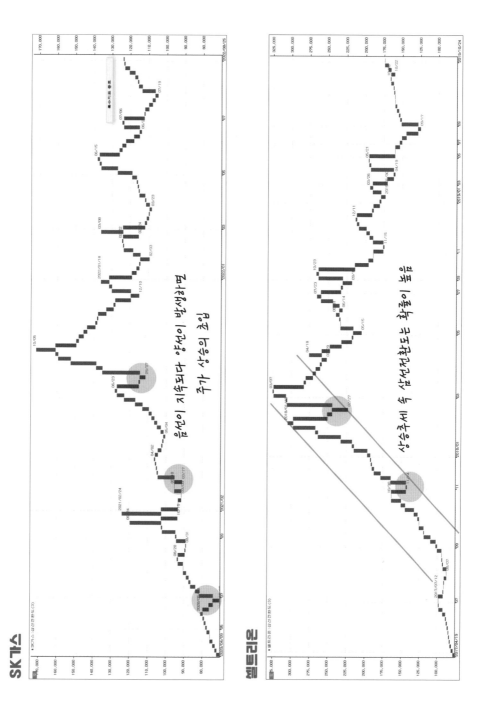

SK가스

셀트리온

거래량은 이동평균선과 쌍벽을 이룰 정도로 중요한 보조지표다. 다른 보조지표는 세력이 마음먹으면 의도를 숨길 수 있다. 다만 거래량은 세력의 의도를 숨길 수 없다. 누가 얼마큼 매수를 하는지 전부 다 투명하게 나타나기 때문이다. 거래량의 유무, 거래량의 크기를 통해 차트 상황별 세력의 의도를 파헤쳐보자.

CHAPTER 5

거래량을 통한 주가 분석

39 세력의 흔적은 거래량으로 나타난다

거래량은 말 그대로 거래된 수량을 의미한다. 예를 들어 누군가가 100주를 매도했고 매수자가 100주를 매도했다면 거래량은 100주가 된다. 주가는 속여도 거래량은 못 속인다는 말이 있을 정도로, 그 지표의 신뢰도가 매우 높아 차트투자자는 반드시 사용해야 하는 보조지표다.

주가가 상승하기 위해서는 반드시 거래량이 선행하거나 혹은 동시에 발생해야 한다. 왜냐하면 누군가가 매수해야 주가가 상승하는데, 매수의 흔적이 거래량에서 나타나기 때문이다. 반대로 주가가 하락하면서 거래량이 증가한다면 좋지 않은 신호다. 거래량 증가는 매도세가 매수세를 앞질렀다는 의미로 사는 사람은 적고 파는 사람만 많다는 의미다.

가령 어떤 종목에 강한 매수 세력이 유입된다면 다른 보조지표와 다르게 캔들과 거래량이 가장 즉각적으로 반응한다. 매수하는 사람들이 많으면 거래량이 오르고, 거래량이 많은 종목은 호가창에 물량이 많으므로 거래하기에도 용이하다. 일반적으로 전일 대비 거래량이 상승하면 빨간색, 전일 대비 거래량이 줄어들면 파란색으로 표현된다. 따라서 현재 시점 기준으로 거래량이 빨갛고 캔들도 빨간색이라면 세력이 들어온 흔적으로 해석할 수 있다.

신풍제약의 일봉차트를 보면 거래량을 통해 세력 유입의 흔적을 추측할 수 있다. 거래량이 증가하면서 양봉 캔들이 발생하고 나서 이후의 주가가 상승하는 경우가 훨씬 많다. 앞서 이야기했듯 신풍제약 주가를 10만 주 거래했다면, 거래량은 10만 주로 표기된다. 이렇게 거래량이 많은 종목은 상승탄력이 좋아 시장에서 인기도 많다.

반대로 음봉일 경우 거래량이 많이 발생한 것은 세력의 이탈로 여겨진다. 세력이 이탈되면 추가 상승까지의 시일이 얼마나 걸릴지 모르니 매매하지 않는 것이 좋다. 음봉이 지속되면서 거래량이 최대한 줄어들었다면, 그 구간은 주가의 바닥을 추정할 수 있는 신호이기도 하다. 더 이상 시장에 나올 매물이 없다는 의미다.

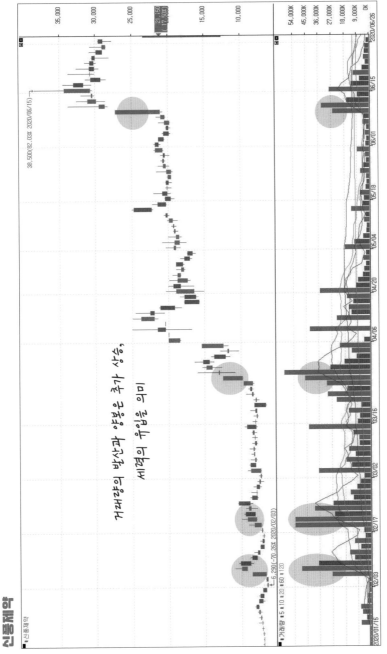

거래량의 발산으로 양봉 캔들의 주가 상승,

세력의 유입을 의미

거래량은 속일 수 없다. 매수 세력의 유입은 양봉 캔들과 많은 거래량으로 나타난다. 특히 박스권을 넘어주며 상승추세 속에서 발생하는 양봉 거래량은 더할 나위 없이 좋다.

40 거래량은 추세 전환의 신호탄이다

주식시장에서 가장 투명하고 직관적인 보조지표는 거래량이다. 그만큼 필자가 필수로 참조하고 신뢰하는 보조지표다. 거래량은 주식시장에서 거래가 된 주식 수를 의미하고, HTS(Home Trading System)상 거래량 설정은 거래량 지표 내에 거래량을 클릭하면 차트 하단에 표기된다.

일봉상 거래량이 많다는 건 "오늘 하루 거래가 많이 되었네. 사람들의 관심이 크네." 등으로 해석할 수 있다. 상승하면서 거래량이 증가한다는 것은 주식시장에 해당 종목을 매수하려는 사람도 많고 매도하려는 사람도 많다는 뜻이다. 즉 주가가 상승하면 기존 투자자는 매도하고 이 매도 물량을 충분히 받쳐줄 만한 매수자가 많다는 것이다. 이렇게 주가의 추세 및 거래량을 이용해서 알아볼 수 있는 신호는 많다.

또 거래량을 추세 전환의 신호탄 격으로 해석해 접근하면 꽤 용이하다. 상

1페이지 주가차트

승추세로 진행되던 종목이 갑자기 거래량이 말도 안 되게 급하게 많이 발생한다면 이는 하락추세로 전환할 가능성이 크다. 반대로 하락추세에 있던 종목이 거래량이 많이 발생한다면 상승으로 추세가 변화될 가능성이 크다. 횡보 구간에서도 마찬가지다. 횡보 구간을 진행하던 종목이 갑자기 거래량이 발생한다면 이는 상승 혹은 하락의 전조 신호일 수 있다. 이처럼 추세 변화의 큰 역할을 하는 보조지표인 만큼, 앞서 배운 캔들과 연계지어 응용할 수 있다.

대웅의 차트를 예시로 들어보자. 동그라미 표시한 하락추세 또는 저점 자리에서 큰 거래량이 발생한 이후에는 상승추세로 전환됨을 볼 수 있다. 네모 표시된 고점에서 큰 거래량이 발생했고 그 이후에는 하락추세로 전환됨을 볼 수 있다. 고점에서 거래량이 크게 발생할 때는 매매하지 않는 것을 추천한다.

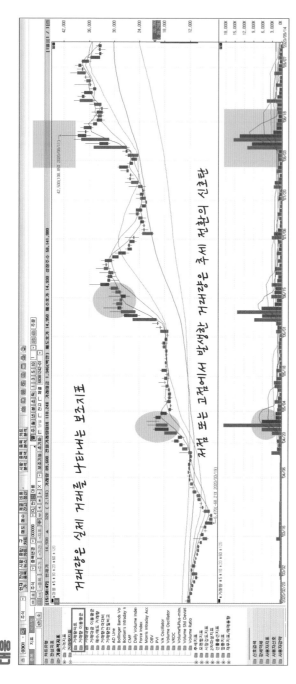

거래량은 실세 거래를 나타내는 보조지표

거래량이 발생하면 위든 아래로든 방향성의 변화가 존재한다. 하락추세 속 거래량 발생은 상승추세로의 변화률, 상승추세 속 거래량 발생은 하락추세로의 변화률 짐작할 수 있다.

저점 또는 고점에서 발생한 거래량은 추세 전환의 신호탄

1페이지 주가차트

41 음봉과 거래량으로 매수 타이밍 잡기

음봉은 주가가 하락할 때 발생하는 캔들이다. 그런 이유에서인지 음봉 캔들을 무조건 싫어하고 기피하려는 게 투자자의 심리 속에 박혀 있다. 하지만 개똥도 잘 쓰면 약이라는 말이 있듯, 음봉 캔들로서 얻어갈 수 있는 내용이 많으므로 무조건 나쁘다고 해석하면 안 된다. 특히 거래량이 많이 발생한 음봉 캔들에 대해서 살펴보자.

거래량이 발생한 음봉의 의미는 해당 음봉 길이만큼 많은 매도세가 일어났다는 것이다. 즉 향후 주가가 올라오는 것에 있어 그 구간은 강한 저항대의 역할을 한다. 음봉의 몸통이 길면 길수록 저항대는 강해진다. 거래량을 동반한 매수세가 붙어야만 뚫을 수 있는 저항대가 된다. 이 부분이 단서다.

거래량이 발생한 음봉 캔들을 돌파하는 양봉 출현 시 거래량이 발생한다면, 이는 주가가 더 상승할 수 있는 신호로 볼 수 있다. 이러한 모습은 전체적으로 상승추세에 있는 차트에서 자주 보인다. 상승추세 속 거래량이 많이 발생하는 음봉이 출현하면 대부분의 개인 투자자는 지레 겁을 먹고 공포의 손절을 감행한다. 거래량이 발생하면 무조건 변곡 신호로 이해하고 하락추세의 시작이라고 보기 때문이다.

하지만 며칠 동안은 다시 주가가 원복해가는지 등을 살펴보며 관망하는 것이 더 현명하다. 그러다 음봉을 넘어서는 양봉이 발생한다면 그 이후는 다시 상승추세로 돌아서는 경우가 상당히 많기 때문이다.

태양금속 차트에서 음봉+거래량 발생 이후 주가가 상승추세로 돌입하는 것을 관찰할 수 있다. 만약 해당 음봉만 보고 하락을 예측해 미리 손절했다면, 상당히 뼈아픈 경험이 되었을 것이다.

왜 '음봉+거래량' 패턴이 출현하면 상승추세로 돌아설 수 있는 가능성이 클까? 세력(매수 주체)이 추가 상승을 하려고 하나, 매집한 주식 수가 부족하거나 외부에서 들어온 돈이 너무 많아 '개미털기'를 하는 것으로 보인다.

태양금속

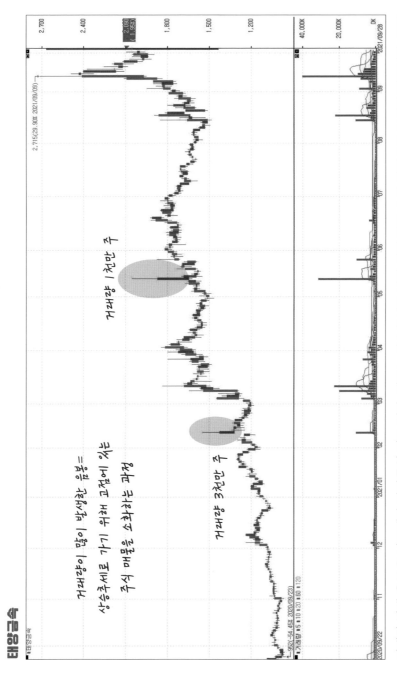

거래량 발생 음봉은 나쁘게만 받아들일 필요 없다. 때로는 상승추세로 가기 위해 매물 소화 과정으로 보이기 때문이다. 또한 거래량 발생 음봉을 넘어설 때 주가 상승이 일어나는 경우가 상당히 많다.

42 거래량은 많은 게 무조건 좋은 걸까?

거래량이 많은 게 좋은 걸까, 없는 게 좋은 걸까? 대체로 거래량이 많다는 것은 거래가 활발하다는 의미에서는 좋게 해석할 수가 있다. 그러나 때로는 엄청난 악재가 발생해 하락빔이 나올 수도 있으니 이럴 때 부정적으로 해석된다. 결국 거래량의 많음은 좋다 안 좋다고 이야기할 수 없듯 거래량이 없는 것 역시 2가지로 해석할 수 있다.

① 시장에서 주목을 전혀 받지 못하는 회사 = 인기 없는 매물
② 더 큰 도약을 위해 웅크리고 있는 회사 = 잠재주

거래량이 없는 종목을 선택할 때 우리는 당연히 2번을 선택해야 한다. 인기가 없는 것은 다 이유가 있다. 주가가 이유도 없이 계속 하락한다든지, 투자자

유치를 위해 이상한 뉴스를 배포한다든지, 불량한 재무구조를 갖고 있다든지 등의 이유가 있을 가능성이 크다.

하지만 2번은 잘 발견하면 향후 몇 배의 주가가 오르는 잠재가치가 있다. 일반적으로 2번은 상승추세와 이동평균선상 정배열을 갖추고 있는 종목일 가능성이 크다. 즉 서서히 주식 추세의 저점이 우상향하는 모습이 좋은 것이다.

삼성출판사의 경우 주가가 어느 정도 상승했고, 거래량이 없는 시점인 2021년 2월 이후 주가가 계속해서 상승하기 시작한다. 앞서 말했듯 관점 포인트는 상승추세인 종목을 이용해야 한다는 점이다. 삼성출판사의 차트는 이동평균선상 정배열이고, 주가가 우상향하고 있는 흐름이다. 이러한 조건을 만족한 삼성출판사의 경우 거래량이 줄어든 이후 추가 상승을 하고 있다.

같은 예시로 알서포트 종목을 참조해보자. 마찬가지로 알서포트도 이동평균선상 정배열의 흐름이다. 거래량이 소멸한 부분은 동그라미 표시했다. 바로 이 부분이 매수 포인트다. 거래량이 확 줄어들고 난 이후에 시세가 나오고 있다.

삼성출판사

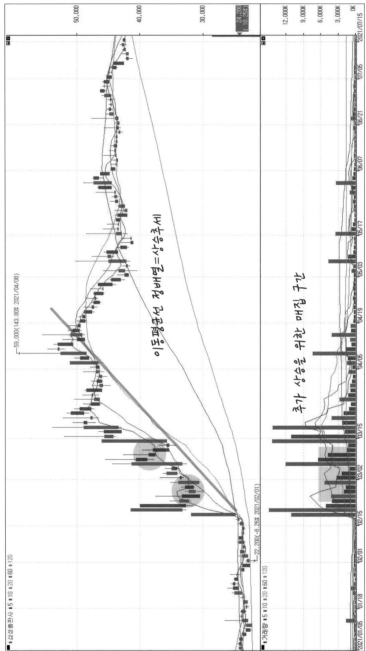

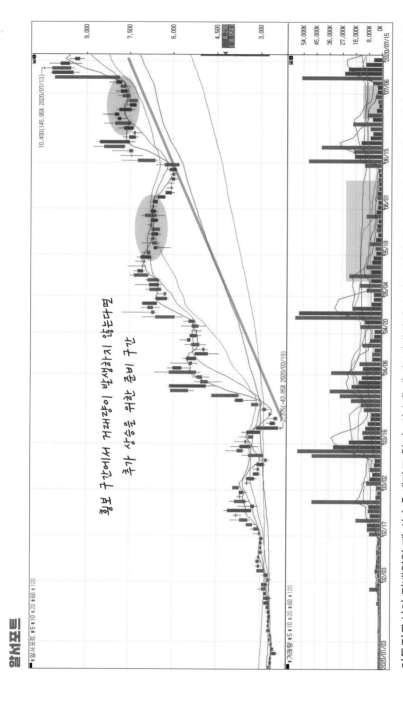

이동평균선이 정배열일 때 상승추세라고 한다. 상승추세 속 거래량의 소멸은 이미 매집이 끝난 상태일 수 있다. 따라서 더 큰 상승을 위한 준비 단계로 해석할 수 있다.

43 매물대로 예상 지지 구간을 찾아낼 수 있다

　　주식이든 부동산이든 매물대 구간이 있다. 예를 들어 내가 5천 원에 매수한 주식이, 누군가는 6천 원에 매수했을 수 있다. 6천 원에 매수한 투자자의 수가 많으면 많을수록, 6천 원에 강한 저항대가 형성되며 여기에는 많은 매물이 몰린다. 주식에서 매물 차트를 설정할 수 있는데, 일정 기간 특정 가격대에서 거래된 물량을 막대형 그래프로 도식화한 것을 말한다.

　　즉 '매물대=지지대=저항대' 역할을 한다. 거래량은 정직하지만 불규칙해 이를 통해 특정 주가의 지지대를 찾기는 어렵다. 하지만 매물대는 특정 기간 거래가 이루어진 구간을 정확히 보여주기 때문에 한눈에 파악하기 쉽다.

　　주가가 매물대 위에 있으면 지지 역할을 하며, 주가가 매물대 하단에 위치하면 저항대의 역할을 한다. 일반적으로 투자자들의 주식 보유기간은 6~18개월이 많다. 이보다 길게 보아도 상관은 없지만, 일반적인 통념에 따라서 매물대의 기간은 6개월에서 18개월 정도로 두고 보는 것이 좋다.

LS의 차트를 보면, 매물대가 약 30~40% 정도 거래가 되어 있는 구간에서 주가가 더 이상 상승을 하지 못하고 하락하기 시작한다. 이 구간을 돌파했다면 '매물대 소화'하며 돌파한다고 하겠지만, 그렇지 못하는 경우가 더 많으므로 저점에서 보유한 사람이라면 저 구간에서 매도해야 한다.

매물대가 이렇게 늘 저항의 역할만 하지 않는다. NHN 차트에서 네모 표시한 약 30~40% 정도의 수량의 매물대가 지지대 형성 구간이 됨으로써 강한 매수 포인트로서 역할을 한다. 이처럼 하락하는 종목에게 있어 매물대는 지지 구간으로 활용할 수 있으며, 상승추세의 종목에서는 매물대가 저항 구간으로 활용할 수 있다.

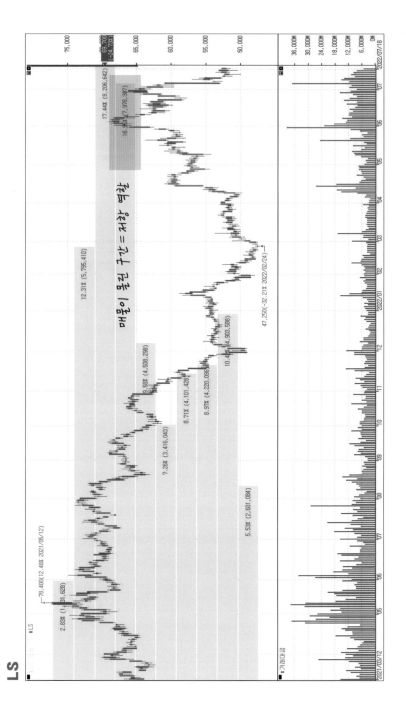

LS

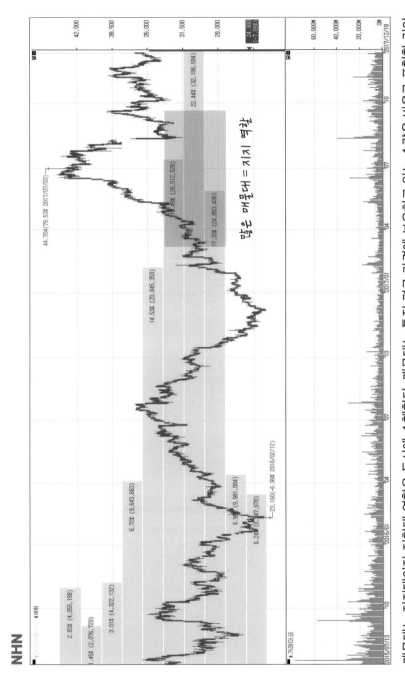

매물대는 지지대이자 저항대 역할을 동시에 수행한다. 매물대는 특정 평균 가격에 보유하고 있는 수량을 비율로 표현한 것이 다. 이를 통해 투자자가 어느 구간에 주식을 보유하고 있는지 파악할 수 있다. 매물대가 많은 곳에서는 안 사는 것이 좋다.

주식 기법은 시장 상황에 따라 끊임없이 바뀐다. 시장에 알려진 기법만 해도 셀 수 없이 많다. 하지만 주식의 고유 성질은 바뀌지 않는다. 고유 성질은 매수와 매도 심리로서 발생하는 흐름이다. 그리고 기법은 이러한 성질로 인해 파생된다. 이번에는 주가차트가 가지는 고유 성질들을 이해하고 그를 이용한 매매 기법에 대해 배워본다.

주식의 고유 성질을 이용한 매매 기법

44 주식시장에서도 신입사원이 존재한다

시작하기에 앞서 용어정리를 해보자. 우리나라의 주식 거래의 대표는 코스피(KOSPI)와 코스닥(KOSDAQ)으로 구성된다. 신규상장주는 코스닥 또는 코스피라는 국내거래소에 신규로 상장된 종목이라고 보면 된다. 회사에 처음 신입이 들어왔을 때처럼 신규상장주는 기존에 상장된 타 회사와 비교해 정보가 부족하고 신선한 느낌이 있다. 그만큼 상장 날에는 많은 관심이 쏟아지게 되어 있다.

주식시장에서 관심이 의미하는 것은 거래량, 즉 많은 돈의 유입이라고 해석하면 된다. 신규상장이 되면 투자자들 간 눈치 게임이 시작된다. 대박 종목이 될 것인가, 잔잔바리 종목으로 남을 것인가 정해진다. 그만큼 신규상장 날의 이미지와 기대감은 중요하고 첫날의 캔들(상장 시 캔들)은 활용도가 높다.

이번에 살펴볼 흐름은 상장 이후 주목을 잘 받지 못하고 하락을 이어가다가 상장 날의 캔들을 넘어서는 순간을 상승추세의 신호탄으로 본다. 여기서 포인트는 상장 첫날의 캔들에서 거래량이 많이 발생할수록 좋다는 점이다. 많은 거래량이 발생한 캔들을 뛰어넘을수록 더 상승하고 싶은 의지가 많다고 해석할 수 있다. 물론 종종 속임수(Fake)로 올라가는 척하다가 다시 내리꽂는 경우도 존재하지만 대체로 상승추세를 이어가는 경우가 더 많으므로 매매 활용도가 높다.

크래프톤은 상장 때부터 주식시장의 대어로 유명했다. 상장 초기 강한 거래량이 발생했고, 며칠간 하락 후에 상장 시 캔들을 넘었다. 그 타이밍에 더 큰 상승을 예측하며 매수 접근하는 것이다.

카카오게임즈 역시 게임주의 대어로 상장했던 종목이다. 크래프톤 예시와 다르게 첫날 이후 큰 상승을 했으나 그 뒤로 6개월간 주목을 받지 못하고 기나긴 횡보를 했던 종목이다. 이런 종목에서 매매 포인트는 기나긴 횡보 속에 참여하는 게 아닌, 상장 초기 캔들을 기준으로 넘어섰을 때 매수에 참여한다.

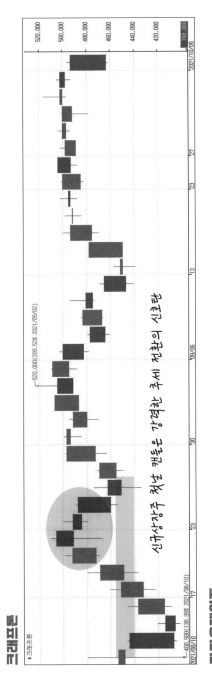

크래프톤

신규상장주 첫날 캔들은 강력한 추세 전환의 신호탄

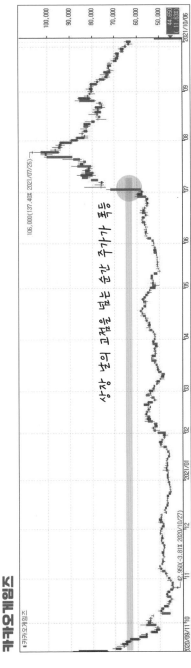

카카오게임즈

상장 날의 고점을 넘는 순간 주가가 폭등

회사에 처음 신입이 들어왔을 때처럼 신규상장주는 기존에 상장된 타 회사에 비교해 정보가 부족하고 신선한 느낌이 있다. 그만큼 상장 날에는 많은 관심이 쏟아진다. 신규상장 당일의 캔들은 상승 또는 하락 신호 전환의 강한 기준으로서 작용한다.

45 공포 분위기를 역이용하라

주식시장에는 데드캣바운스라는 용어가 있다. 급락하는 주식이 아주 잠깐 흐름을 거슬러 상승하는 그래프를 두고 '죽은 고양이(Dead Cat)가 떨어지다 일시적으로 튀어 오르는(Bounce)' 모습에 비유한 것이다.

상대적으로 주식시장은 변동성이 크기 때문에 연준발표, 금리인상, 물가지표 등 연관되는 시장환경에 따라 주식시장이 크게 하락하는 경우를 연 1~2회 정도는 심심치 않게 마주할 수 있다. 이렇게 시장이 정신없이 하락하다 보면 너도나도 더 큰 하락이 무서워져 던지는 매물이 생기게 되고 시장 분위기는 공포 분위기에 휩싸인다.

주식시장이 빠르게 하락할 때 변동성지수(VIX)도 많은 상승을 한다. 일반적으로 VIX가 이런 공포 환경이지만 주가는 쭉 하락만 하지는 않는다. 주식이 급락할 때 어느 시점에서 투자자들 사이에 저점을 매수해 단기적인 이익(단타)을

1페이지 주가차트

보려는 심리가 형성된다. 이런 이유로 '하락 → 약상승 → 하락'의 과정을 거치는데, 이때의 반등을 데드캣 바운스라고 한다.

이러한 현상은 주식의 성질이다. 주가가 하락하면 저렴해졌다고 판단한 투자자들이 매수에 참여하고, 그 여파로 주가가 반등하는 것이다. 반등은 무조건 발생하는데, 그 반등의 힘이 너무 좋아 상승추세로 전환하게 할지, 아니면 다시 추가 하락이 이어질지 예측하기 어려운 부분이 있다.

데드캣 바운스를 보고 주가가 바닥에 닿았다고 추정하고 매수했다가 추가 하락을 보는 경우가 상당히 많으니 단순히 기술적으로 접근하기보다는 기업가치도 병행해 분석하는 것이 유리하다. 주가가 회사의 밸류 대비 이격이 큰지 등을 알아보고 매수에 참여해야 한다.

에코프로비엠은 데드캣 바운스의 주요 예시다. 주가가 반등 이전에 14만 원에서 거의 50% 이상 하락했다. 이렇게 쉼 없이 주가가 하락하다가 동그라미 지점에서 네모 표시처럼 반등했다. 이 예시는 반등의 힘이 강했기 때문에 다시 상승추세로 전환한 사례다. 모든 사례가 이렇게 진행되는 것은 아님을 명심해야 한다.

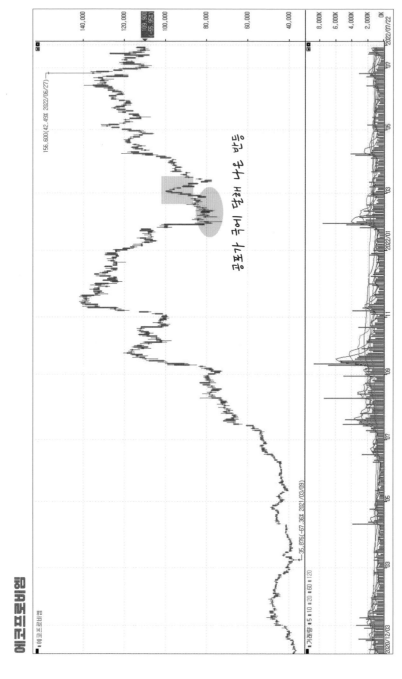

영원한 하락도, 영원한 상승도 없다. 강한 하락은 곧 악간의 반등이라는 드라이어들감 드라이어들감 함이 된다. 공포가 극에 달한 하락에서는 반드시 반등하기 마련이다.

1페이지 주가차트

46 하락장에서 매매해야 하는 그룹 1: 품절주 편

하락장에 대해 먼저 짚고 넘어가도록 하자. 하락장은 시장이 하락하는 상황을 말한다. 왜 시장이 하락할까? 신규 투자자 유입이 거의 없고, 기존에 보유한 주식을 매도하려는 심리가 우위를 점유하고 있기 때문이다.

우리나라는 외국인 투자에 영향을 많이 받는다. 따라서 달러환율이 오르면 외국인 투자자들이 매도세로 전환되어 하락 국면을 맞이할 수도 있다. 혹은 이미 전체적으로 주가가 많이 올라 고평가되었다고 판단을 받아 매도세가 강해질 수도 있다.

여기서 명심해야 할 것은 하락장이란 투자자들이 신규로 매수하기보다 보유주식들을 매도하고 나가는 투자자들도 많으므로 대부분은 손실을 볼 가능성이 큰 시장 상황이란 것이다. 하지만 이러한 시장 상황 속에서도 매매 전략을 어떤 식으로 잡아가느냐에 따라 큰 수익을 볼 수 있다. 이번에 소개할 기법은 품절주식군을 이용한 매매다.

　주식시장엔 품절주라고 말하는 그룹이 존재한다. 품절은 그 수량이 부족한 것을 의미하고, 이 의미 그대로 주식에 적용하면 유통주식 수가 적어 매수할 수 있는 주식 수량이 다른 회사에 비해 상대적으로 적은 경우를 말한다.

　유통주식 수가 적은 이유는 다양한 이유가 존재한다. 대체로는 최대 주주 지분 등이 많아 유통주식 수(유동주식 수)가 적은 경우를 말한다. 대부분 유통 가능 주식 수가 30% 미만이다. 유통 물량이 적으면 원하는 가격에 매수 또는 매도하기 어렵다. 수요는 있는데 공급이 없으니 나타나는 품귀현상이다. 하락장엔 유동성 자체가 낮으므로, 이렇게 적은 공급의 돈으로도 주가를 띄울 수 있는 품절주가 유행하게 된다. 시가총액도 너무 큰 종목보다는 상대적으로 작은 종목들이 좋다.

　하락장에 반응하는 품절주들의 움직임을 보자. 코스피 지수가 한 달간 11%가 빠졌다. 보통 지수가 이렇게 빠지면 일반적인 회사의 주가는 20% 가까이 더 떨어진다. 그런데 신라섬유는 오히려 주가가 10~20%가량 상승함을 볼 수 있다.

품절주는 하락장에서 수익 내기 좋은 대상이다. 우선 유통주식의 수가 적어 주가 부양이 상대적으로 쉽고, 이러한 심리로 투자자들이 물려 매수세도 많이 발생하기 때문이다.

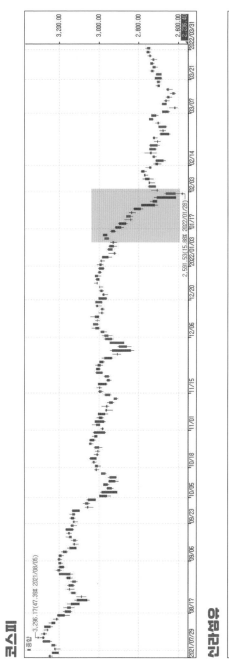

코스피

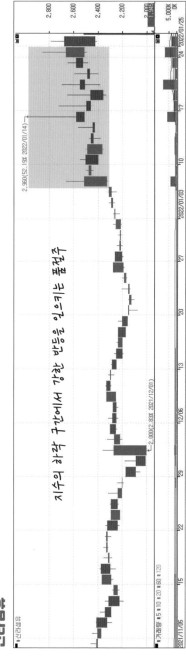

삼양옵틱

지수의 하락 구간에서 강한 반등을 일으키는 품절주

CHAPTER 6 주식의 고유 성질을 이용한 매매 기법

47 하락장에서 매매해야 하는 그룹 2: 우선주 편

품절주가 상승하면 하락장을 예측하듯이 선제적으로 신호를 주는 주식군이 몇 개 더 있다. 바로 우선주 그룹이다. 시장이 안 좋아지면 우선주가 급상승하고 시장이 좋음에도 불구하고, 만약 우선주가 급상승한다면 미리 조심해야 할 수 있다.

과거 수년간 주식시장에서 우선주와 증시상황의 관계는 계속 그래왔다. 우선주는 우선 시가총액이 낮고 그만큼 주식이 가볍기에 등락폭이 크다. 그리고 대형주와 다르게 적은 돈으로도 주식의 주가 부양이 쉽다. 하락장에 우선주가 오르는 이유는 다음과 같다. 주식시장에 유동성이 많이 줄어들었을 때, 적은 돈으로도 주가 부양이 가능해야 한다. 따라서 우선주 그룹처럼 시가총액이 낮거나 유통주식 비율이 낮은 품절주 그룹에 수급이 쏠려 급등을 하는 것이 아닌가 싶다.

1페이지 주가차트

이처럼 기술적인 관점도 있지만 우선주 자체적으로 가진 특징이 있다. 보통 주처럼 의결권에 대한 권한은 없어도 배당을 받을 수 있는 권리가 '우선해' 있으며 약간의 추가배당도 더 있다. 우선주의 명칭은 '회사명+우'라고 표기되며, 주가지수에는 반영되지 않는다. 우선주는 시가총액과 유통주식 수가 보통주와 비교해 턱없이 낮다. 앞서 말한 품절주와 같이 우선주 역시도 비슷한 특징을 갖고 있으며 심지어 배당률도 높으니 하락장에 매력적인 투자처로 보인다.

다만 필요충분조건처럼 우선주가 오른다고 시장이 하락하는 것은 아니다. 하지만 충분히 인과관계가 존재하기 때문에 투자 근거로서 참조할 수 있다.

LG의 우선주인 LG우의 경우 코스피 지수의 급락 구간에서 강한 반등을 나타냈다. 약간의 시간 차이는 존재할 수 있다. 다만 지수의 약세와 우선주의 상승과는 상당한 관계가 있어, 많은 트레이더가 매매의 방향성을 정립할 때 참조하곤 한다.

코스피

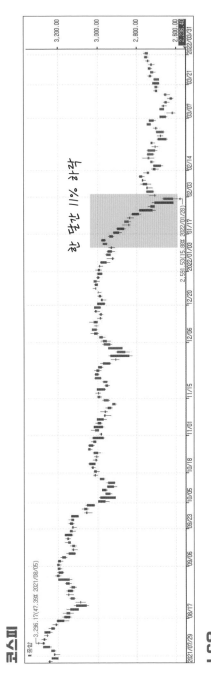

한 달간 11% 하락

LG우

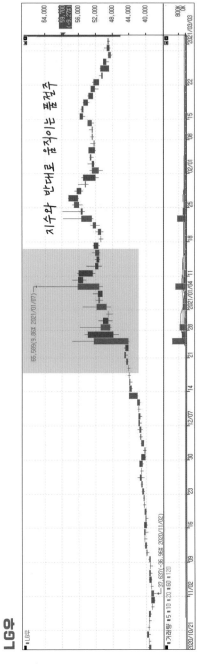

지수와 반대로 움직이는 풀건주

통계적으로 우선주와 지수는 반대되는 관계였다. 지수가 하락하면 우선주가 상승하고 했다. 하락장에서 우선주는 꽤 좋은 매매 대상이 된다. 다만 워낙 거래량이 적어 어느 정도 거래량이 발생하고 난 뒤에 매매하기를 권장한다.

48 하락장에서 매매해야 하는 그룹 3: 안전자산주 편

투자에서 제일 중요한 건 리스크 관리다. 어떤 기법도 100%는 없기에 리스크가 관리되지 않으면 기법을 허투루 사용하고 있는 것과 같다. 리스크 관리는 투자에서 헷징(Hedging)을 얼마나 잘하느냐 여부로 결정된다. 예를 들어 내가 100만 원을 가지고 있는데 한 종목에 전액 투자한다면 그것은 올바른 투자가 아니다. 운에 맡기는 것과 같다. 여러 종목, 다른 업종에 분산 투자해 나의 투자가 언제든 틀릴 수 있음에 대비해 두어야 한다.

분산투자의 포인트는 7대3이다. 자신이 생각했을 때 우상향할 것으로 예상되는 부분에 70%의 비중을 넣어두고, 반대인 업종에 30%를 투자해준다. 주력의 종목들과 반대로 연동되는 것들에 30%를 투자하는 것이다.

만일 내가 코스피나 코스닥 등 국내 주식에 투자한다면, 국내 주식이 안 좋아질 때 상승하는 것에 투자한다. 바로 자산성 성격을 가진 투자처다. 자산성 성격을 가진 것들은 될 수 있으면 현물에 투자하는 게 일반적이다. 과거부터 유명한 안전자산주는 금과 같은 귀금속이었고 현재 디지털자산으로 비트코인도 자리매김했다. 또 시장이 안 좋아지면 한화(KRW)가 약세이기 때문에 반대로 외화(USD)가 강세를 띠는 것을 볼 수 있다.

- 안전자산주는 만에 하나를 위한 투자다. 만일을 대비하는 자세가 필요하다.
- 금 관련 또는 금 현물 (ETF, 한국금거래소) 등을 이용해 자산 배분을 해야 한다.
- 원화 약세에는 달러 강세일 수 있다.

달러가 고점을 찍었다는 뉴스에 국내 주식 지수가 좋을 리 없다. 반대로 국내 주식이 상당히 저점이며, 달러 역시 저점을 만들어가고 있다면 그때야말로 매수 타이밍이다. 실제로 주식을 매수해도 좋고, 달러나 금과 같은 것들을 모아가도 안정적이다.

달러환율과 지수의 관계

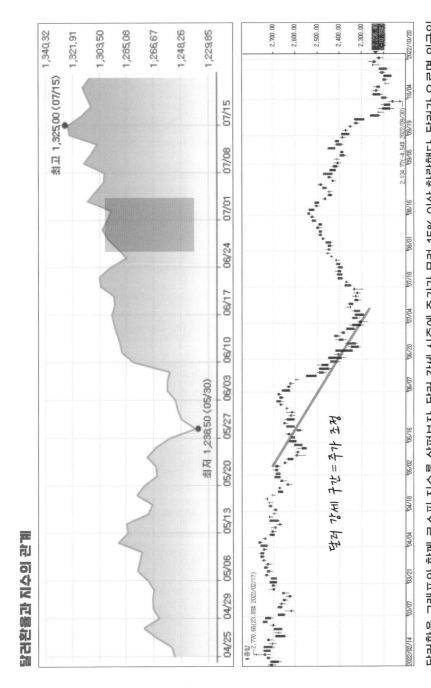

달러환율을 그래프와 함께 코스피 지수를 살펴보자. 달러 강세 시즌에 주가가 무려 15% 이상 하락했다. 달러가 오르면 외국인의 매도세가 강해지고, 외국인 의존도가 높은 국내 증시의 경우 영향을 많이 받을 수밖에 없다.

49 쌍고점은 하향추세의 신호탄이다

"박수 칠 때 떠나라." "공포에 매수, 희망에 매도." "악재에 사고 뉴스에 팔아라." 등 오래된 주식 격언이 있다. 아마도 더 오를 것 같은 기대감에 주식을 매수했다가 적잖이 피해를 본 개인 투자자들이 많아 생긴 말들이라 본다. 이는 차트에서도 똑같이 적용된다.

보통 강한 거래량과 함께 힘 좋게 우상향한 종목들은 일반적으로는 '단 한 번만'에 쓰러지지 않는다. 고점을 한 번 만들고 하락하다가 다시 전고점을 뚫으려는 움직임을 보여줄 때, 개인 투자자들은 '더 올라가지 않을까?'라는 심리로 매수하곤 한다.

사실 이 부분을 경계해야 한다. 실제로 더 올라가기도 하고 더 떨어지기도 하므로 불확실성이 많다. 확실하게 추세가 정해진 뒤 접근하길 바란다. 저항대를 뚫지 못하고 떨어지는 경우 본격적인 하향추세로 접어들 수 있기 때문이다.

1페이지 주가차트

휴마시스는 5천 원대 주가에서 불과 한 달 남짓 만에 3~4배 주가가 급등했다. 모두가 환희를 외칠 때 깊게 하락하더니, 역시나 강했던 종목답게 전고점 부근까지 올라온다. 그리고 쌍고점을 만들고 주가는 반 토막이 난다. 전고점을 더 돌파해 상승하지 않을까 해서 매수한 개인 투자자들은 큰 손실을 볼 수밖에 없는 흐름이다. 확률적으로 두 번이나 넘지 못한 가격대는 또 넘기 힘들다.

LG헬로비전 역시 주가가 4천 원대부터 9천 원까지 한 달도 채 안 되는 시간 안에 주가가 급등한다. 강한 종목의 특징이다. 그리고 하락을 이어나가다가 반등을 강하게 준다. 하지만 역시 전고점 부근을 넘지 못하자 곤두박질치는 모습을 볼 수 있다.

쌍고점은 하향추세의 시작이며 주가가 어디까지 빠질지 예측할 수 없다. 선부르게 매수하지 말고 다른 종목을 찾아보자.

유마시스

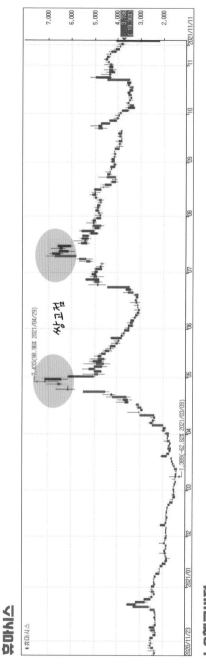

LG헬로비전

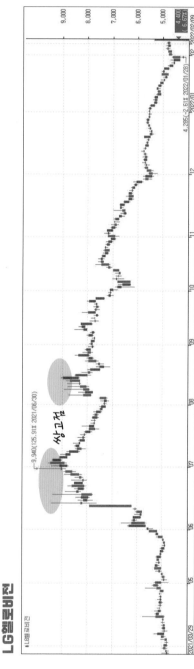

쌍고점은 동그라미 표시처럼 고점 두 군데에 도달해을 때를 의미한다. 돌파하지 못했다면 최고점일 가능성이 크다. 쌍고점은 하향추세의 시작이다. 쌍고점이 보였다면 섣부르게 매수해서는 안 된다. 보통 주가가 상승이 시작하기 이전으로 회귀할 가능성이 크다.

50 깃발 모양을 발견하면 급등의 전조로 여겨라

주식에서 급등 매매에 자주 사용되는 패턴 중 플래그(Flag) 패턴을 알아보자. 차트 모양이 마치 깃발같이 생겼다고 해서 깃발형 패턴이라고도 한다.

플래그 패턴은 급등 혹은 급락 이후 주가가 횡보 혹은 약간의 하락세와 상승세를 보여주며 재차 이전의 큰 움직임을 따라가며 강한 상승과 하락이 이루어진다. 플래그 패턴은 깃발의 깃대값만큼 상승 혹은 하락할 수 있기에 목푯값을 정확하게 잡을 수 있으며, 반대의 경우가 발생해도 깃발 부근에서 손절할 수 있으므로 정형화된 매매를 하는 데 있어 필수 패턴이다.

깃발과 깃대로 구성되어 있다. 깃대는 큰 변동성 구간을 나타내주며 시세가 급격하게 움직이는 구간이고, 깃발은 변동성 이후에 시세가 횡보하는 구간을 뜻한다. 깃대에서는 시세가 증가하는 구간인 만큼 거래량이 많이 발생하고 깃발은 횡보하는 구간이기 때문에 거래량이 감소해야 한다.

깃발형 패턴

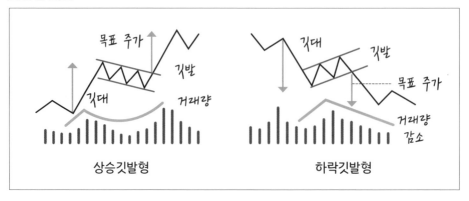

깃발(횡보) 구간에서는 수렴해가며 거래량이 줄어들어야 향후 발산할 때 더 크게 상승할 수 있다. 즉 큰 그림에서의 플래그 패턴 그림은 다음과 같다. '급상 승 → 수렴 구간(횡보 및 하락 박스권) → 급상승'의 순서로 오르는 것이 상단 플래 그 패턴의 모습이다.

라온시큐어가 전형적인 플래그 패턴의 예시다. 깃대로 주가가 상승한 뒤에 쐐기형으로 거래량을 줄여가며 주가가 마치 깃발의 모습처럼 수렴한다. 그리고 그 뒤에 상승함을 볼 수 있다. 매수 패턴은 깃발 구간에서 수렴을 어느 정도 해 나갈 때 주식을 조금씩 모아간다. 수렴해간다는 것은 라온시큐어처럼 깃발 구 간의 상단 및 하단 추세선을 그어 수렴해감을 확인할 수 있다.

플래그 패턴의 손절 구간은 깃대 역할을 하는 양봉의 시초가를 이탈했을 때 다. 해당 양봉의 시초가를 이탈했다는 것은 추가 상승 의지가 없는 것으로 해석 한다.

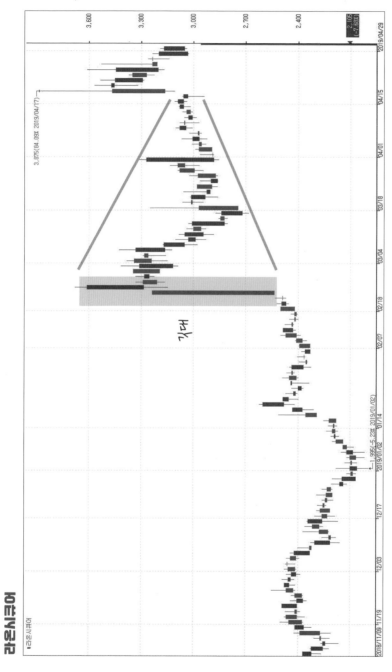

차트의 모양이 마치 깃발 같다고 해 플래그 패턴이다. 깃대가 길게 발생하고 주가가 수렴하게 되어 깃발의 형상을 만들게 되면, 주가 상승 가능성이 커진다.

51 ABC 패턴을 통해 더 큰 하락을 피하자

　　주가차트의 파동과 하락추세 속에서 알아두면 좋을 ABC 패턴을 소개한다. 주식시장에서 상승과 하락을 설명할 때 파동(Wave)을 빼놓을 수 없다. 크든 작든 어쨌든 파동을 조금씩이라도 그려나가므로 상승과 하락이 존재하기 때문이다. 어떤 주식이든 상승을 이어나가다 보면 언젠가는 하락하기 마련인데, 특히 하락할 때 발생하는 주요 패턴 중 ABC 패턴인 경우가 많다.

　　ABC 패턴에서 상승 고점을 찍은 이후에 발생한 첫 하락의 눌림 자리를 A, 그리고 나오는 잔 반등을 B, 그리고 신저점을 갱신한 이후에 나오는 반등 자리를 C라고 한다. 즉 어떤 종목이든 상승추세는 언젠가 끝이 나고, 하락이 진행될 때 흐름을 설명해주는 패턴이다.

　　한 번에 떨어지는 것이 아닌 ABC 패턴처럼 약간의 반등을 섞어서 진행되는 경우가 훨씬 많다. 이 역시 앞서 설명한 데드캣 바운스와 비슷한 설명인데, 상승하던 종목이 고점을 찍고, 주가가 하락 시에 저렴해졌다고 판단한 개인 투자자가 매수해서 반등이 일어나는 것이다.

이러한 패턴은 매매하기 상당히 까다롭다. 따라서 실제 매매에 적용하는 것도 중요하지만, 우리 머릿속에 이러한 흐름을 알고 있느냐 아니느냐가 더 중요하다. 그래야 주식을 고점에 매수해 손실을 보더라도 A 구간에서 손절하는 것이 아니라 B 구간에서 매도해 손실폭을 줄여나가는 등의 기지를 발휘할 수 있기 때문이다.

더 나아가 이 과정에서도 A 자리를 가늠해 매수하고 B 자리에서 수익을 내는 경우도 있다. 다만 아무것도 모른 채 매수해서 운 좋게 수익이 난다 해도, 이게 큰 반등일지 잔 반등일지 가늠이 되지 않는다면 욕심이 앞서다가 수익도 못내고 C와 같이 깊이 눌릴 때 손실만 볼 수도 있다. 두 예시를 살펴보자.

라온시큐어는 6천 원이 넘게 고점을 찍은 뒤 쭉 하락하다가 A 구간까지 눌림을 준다. 그리고 반등 B가 나오고, 다시 재차 신저점을 갱신하며 C 구간을 달성한다.

우리바이오는 라온시큐어와는 조금 다르다. C 구간까지 주가가 하락한 뒤 횡보를 거치고 주가가 다시 강하게 상승한다.

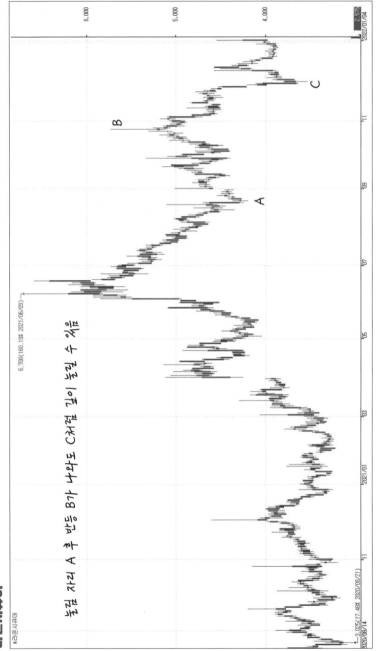

눌림 자리 A 후 반등 B가 나와도 C처럼 길이 눌릴 수 있음

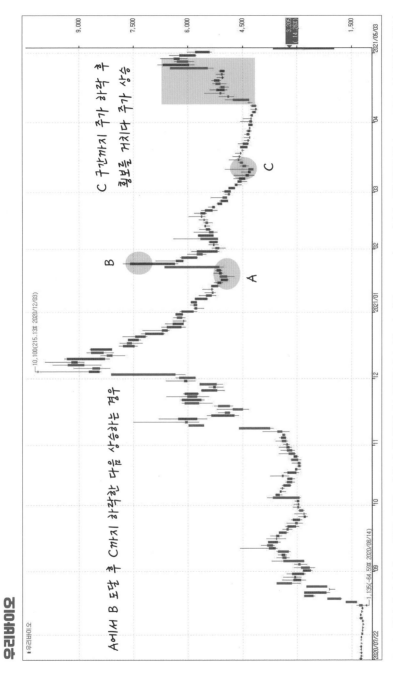

ABC 패턴에서 상승 고점을 찍은 이후에 발생한 첫 하락의 눌림 자리를 a, 그리고 나오는 첫 반등을 b, 그리고 신저점을 갱신한 이후에 나오는 반등을 c라고 한다. 즉 어떤 종목이든 상승추세는 언젠가 끝나고 하락이 진행될 때 흐름을 설명해주는 패턴이다.

아무리 기본기가 탄탄해도 승률을 높일 수 있는 것은 무엇이든 활용하는 게 좋다. 주식시장에 100%는 없다. 승률을 1%라도 높일 수 있다면 무엇이든 하는 것이 좋다. 그에 걸맞은 조력자는 바로 보조지표들이다. 수많은 보조지표 중에서 실제로 필자가 유용하게 사용하는 알짜배기 보조지표를 소개해보겠다. 잘 이해한다면 수익 내는 일등 공신이 될 것이다.

CHAPTER 7
핵심 보조지표는 꼭 알고 있어야 한다

52 심리를 이용한 보조지표 RSI

주식에 존재하는 보조지표의 개수는 몇백 개는 될 듯하다. 수많은 보조지표 중 옥석을 가려 자신에게 맞는 지표를 사용하는 것의 중요성은 아무리 강조해도 부족하다.

RSI(Relative Strength Index)는 상대강도지수의 줄임말이다. 일정 기간 주가가 전일 가격에 비해 상승 또는 하락한 변화량의 평균값을 구해, 상승 변화량이 크면 과매수로, 하락 변화량이 크면 과매도로 판단하는 방식이다.

RSI의 장점은 매수 시점과 매도 시점을 한 번에 파악할 수 있는 지표라는 점이다. 과매수 지점에서는 매도하고, 과매도 지점에서는 매수한다. 어느 정도의 과함에 매수와 매도를 수행하는지가 관건이다.

HTS에서 모멘텀 지표인 RSI를 선택하고, RSI가 14로 되어있고 우측 눈금에 30, 70선이 그어져 있으면 잘 세팅된 것이다.

언제 매수할 것인가? RSI가 30 미만일 때 매수 포지션의 영역이다. 하지만 시간이 오래 지나 반등이 일어나는 경우가 많다. 이 부분을 보완하기 위해서 RSI가 30% 미만에 머물다가 30% 이상으로 올라가려는 추세 시 매수하는 방법도 있다. 그럼 상대적으로 단기간 내에 수익을 얻기 수월해진다.

반대로 RSI가 70%를 넘어서면 매도 포지션의 영역이다. 상대적으로 과매수되었다고 보며, 주가가 천장에 다다랐다고 보는 구간이다. 이럴 땐 당연히 적절한 수익실현을 통해 이익을 취하면서 리스크를 관리하는 것이 좋다. 하지만 70%가 넘었다고 해서 바로 매도했는데, 추가 상승을 하기도 한다. 이러한 부분을 보완하기 위해서 70%를 넘어선 뒤 충분히 머물고 있다가 만약에 70% 아래로 떨어진다 싶으면 매도를 할 수 있다.

삼진엘엔디 동그라미 표시를 보면 RSI 지수 30 밑에서 존재할 때 매수했다면 수익을 얻을 수 있다. 또한 네모 표시는 RSI 지수 70 이상인데, 매수세가 과열되었다는 신호 이후 하락하는 것을 볼 수 있다.

1페이지 주가차트

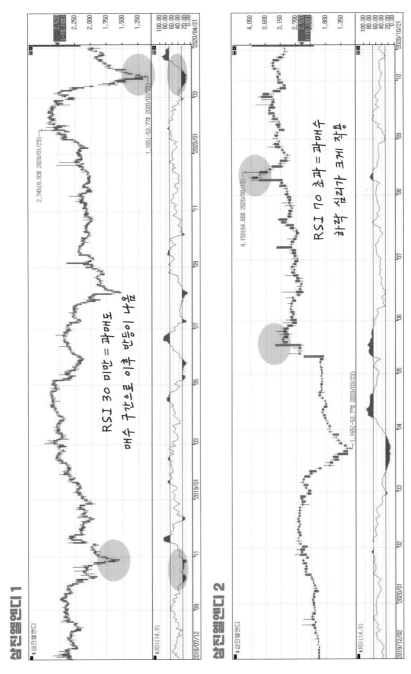

삼진엘앤디 1

RSI 30 미만 = 과매도
매수 구간으로 이후 반등이 나옴

삼진엘앤디 2

RSI 70 초과 = 과매수
하락 실리가 크게 작용

RSI는 투자자의 심리 파악에 용이한 보조지표다. RSI 30 미만에선 매수, 70 초과일 때는 매도해야 한다.

53 상호 보완 관계인 스토캐스틱과 골든크로스

보조지표의 용도는 말 그대로 보조적인 역할 그 이상 그 이하도 아니다. HTS에 존재하는 보조지표가 매우 많은 만큼, 그 지표를 모두 다 사용한들 돈을 버는 것과는 다른 이야기다. 새로운 것을 찾으려 하지 말고 자신에게 맞는 보조지표를 잘 활용하는 게 중요하다는 것을 되새겨야 한다.

필자는 꼭 활용했으면 하는 보조지표 중 하나로 스토캐스틱(Stochastic)을 추천한다. 특정 기간의 주식의 최고가와 최저가의 범위 내에서 현 가격의 위치를 백분율로 표시해 향후 추세를 예측하는 데 사용하는 보조지표다. 스토캐스틱 안에서 Fast와 Slow로 나뉘는데, 변동성에 민감하냐 그렇지 않으냐 정도의 차이이므로 크게 상관은 없다. 필자는 보수적인 매매를 선호하므로 Slow를 사용한다.

Slow %K 12.5(주황선), Slow %D 5(초록선)의 움직임을 보면 된다. K는 가격

1페이지 주가차트

변동, D는 K선에 대한 이동평균선을 의미하며 숫자 12.5와 5는 각자 Day를 의미한다. %K선이 %D선을 상향 돌파하면 매수 신호로, 하향 돌파하면 매도 신호로 본다. 스토캐스틱의 박스권 하단에 선들이 위치할 경우 매수 포지션으로 본다. 반대로 상단에 선들이 위치할 경우 매도 포지션으로 본다.

이 매매법은 상장된 회사 중 시가총액이 큰 대형주 공략에서 사용하기를 추천한다. Slow 차트를 쓰는 만큼 움직임이 묵직한 종목을 대상으로 하는 게 확률이 높기 때문이다. 은행 및 증권회사 중에서도 높은 시가총액으로 알려진 기업은행을 보면 스토캐스틱이 박스권 하단에 위치했을 때, 상단에 위치했을 때 명확하게 매수와 매도 포지션이 보인다.

다만 LG전자 사례를 보면 리스크 관리도 필요함을 알 수 있다. 첫 네모 표시 구간에 스토캐스틱도 박스권 하단에 있어 과매도된 구간으로 판단했지만, 그 이후에도 하락을 한참이나 이어갔다. 이런 예측 불허의 상황을 대비해 늘 손절선을 갖고 임해야 한다.

● 스토캐스틱 설정 방법: HTS에서 보조지표 설정 → 기술적지표 → Stochastics Slow 선택

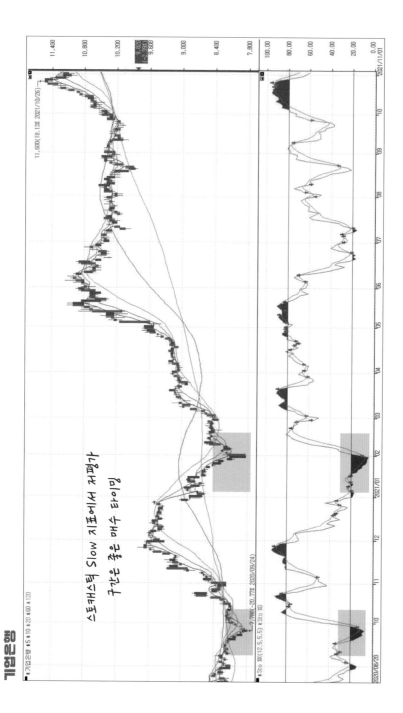

스토캐스틱 Slow 지표에서 거꾸랑
구간은 좋은 매수 타이밍

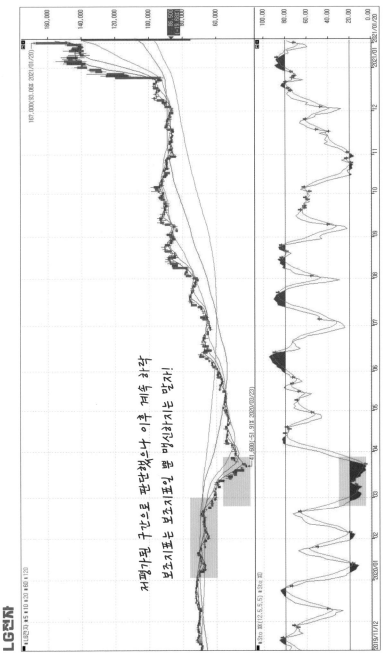

스토캐스틱의 박스권 하단에 선들이 파란색 부분처럼 위치할 경우, 매수 포지션이다. 반대로 상단에 선들이 주황색 부분처럼 위치할 경우 매도 포지션으로 본다.

54 골든크로스를 선점하기, MACD

이동평균선을 이용한 매매 기법인 골든크로스에 대해 앞서 배웠다. 단기 이동평균선이 장기 이동평균선을 돌파하며 주가가 상승하는 흐름을 의미한다. 이를 감지하기에 좋은 보조지표가 있다. 바로 MACD다.

보조지표 MACD에서 MA(Moving Average)는 이동평균선, CD(Convergence, Divergence)는 수렴, 발산을 의미한다. 이동평균선의 수렴과 발산 타이밍을 포착하는 것을 도와주는 지표다.

MACD는 Short(단기 이평선)-12, Long(장기 이평선)-26, Signal-9로 설정한다. 이 지표를 쓰는 주목적은 골든크로스를 빠르게 포착하기 위함임을 잊지

● MACD 설정 방법: 보조지표 → 추세지표 → MACD 선택

1페이지 주가차트

말자. 보조지표 구성은 MACD 선과 시그널 선으로 나눠져 있는데, MACD 선이 시그널 선을 상향 교차하는 시점이 매수 포인트다. MACD 지표의 상황별 추세 예측 방법을 알아보자.

MACD > 0, MACD와 시그널이 골든크로스를 이루면 장기적 주가 상승이 가능

MACD > 0, MACD와 시그널이 데드크로스를 이루면 주가 하락이 예측

MACD < 0, MACD와 시그널이 골든크로스를 이루면 주가 상승이 예측

MACD < 0, MACD와 시그널이 데드크로스를 이루면 추가 주가 하락이 예측

MACD는 이처럼 추세에 초점이 맞춰져 있으며 단기적인 상승 및 하락을 예측하기보다는 장기적으로 추세를 예측하는 데 사용하도록 하자.

한신기계는 MACD 활용을 보기에 적합한 사례다. 동그라미 표시는 MACD 골든크로스 지점, 즉 매수 포지션이다. 그 이후에 주가가 상승함을 볼 수 있다.

그런데 MACD 선들이 골든크로스라고 해서 전부 매수 포인트는 아니다. 다만 확률을 조금 더 높여주는 팁이 있다. 교차할 때의 기울기가 급격할수록 좋다. AJ네트웍스는 이 기울기의 중요성을 보여주는 좋은 사례다. 동그라미 표시에서 MACD가 교차하지만, 실질적으로 주가의 움직임이 미온적이었음을 볼 수 있다.

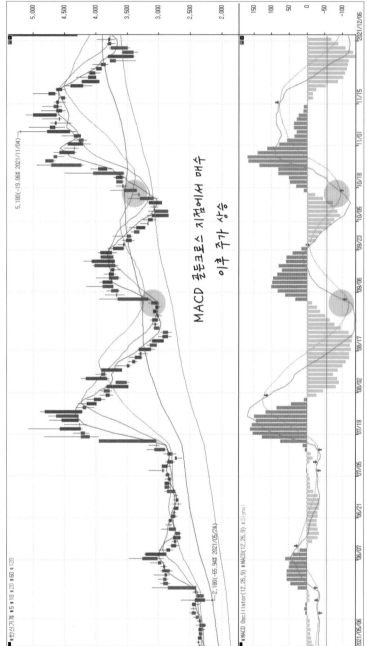

MACD 골든크로스 지점에서 매수
이후 주가 상승

AJ네트웍스

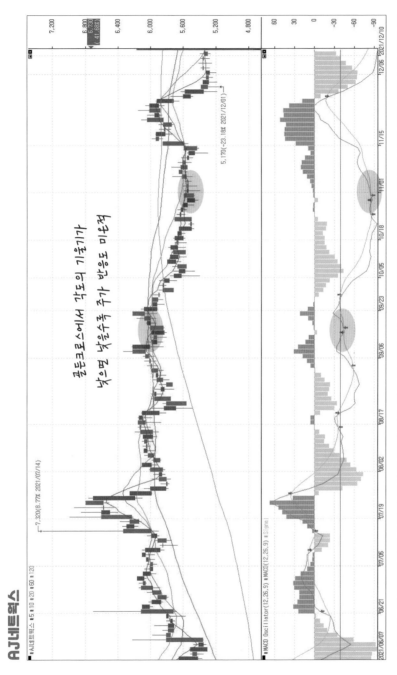

MACD는 이동평균선의 수렴과 발산을 통해 매수 타점을 포착하는 데 용이하다. MACD와 시그널 선이 골든크로스를 이룰 때 주가 상승이 예상된다.

55 고점 매도를 위한 보조지표 Demark

매도 타이밍에 좋은 길잡이가 되는 보조지표가 있다. '언제' 매수할 것인가에 대한 지표는 많으나 매도를 도와주는 지표는 많이 없다. 특히 단기 매매에서는 더욱 그렇다.

일반적으로 매수와 매도는 지지와 저항을 활용한다. 지지에 사서 저항에 파는 방식을 이용하는데, 아시다시피 단기 매매는 고점에서 이뤄지는 경우가 많다. 따라서 저항대가 뚜렷이 보이지 않는 신고점의 경우 Demark를 통해 매도 자리를 잡아볼 수 있다.

Demark 지표는 전일 가격의 움직임을 분석, 시황에 맞는 가중치를 부여해 현재 주가의 흐름을 맞춰 투자를 도와주는 보조지표다. 주가의 위, 아래 총 2개의 밴드선이 그어지며 2개의 선으로 지지와 저항을 보며 활용한다.

보조지표는 일봉이 아닌 분봉에서 설정하면 Demark(저가, 고가)가 생기는데 매도에 활용하는 선은 Demark 고가선이다. 이미 매수했고 실제로 매도할 구간이 뚜렷이 보이지 않는 신고가 종목이라면 Demark 고가선을 저항선으로 여겨 해당 가격대에서 수익을 실현해보자.

또 Demark 선을 활용해 추세 예측도 가능하다. Demark의 고가선은 저항대 역할을 하기에, 만약 시초가가 이를 넘어서서 시작한다면 저항대를 돌파한 것으로 보아 상승추세를 이어갈 가능성이 크다. 만약 시가가 Demark의 저가선 밑에서 시작한다면, 단기적으로 하락추세를 이어나갈 가능성이 크다.

지에스이의 경우 거래량이 발생하는 양봉이 출현하면서 상승하는 듯 보이지만(09~10시 부분) 결국 이 종목이 고가의 저항대인 Demark를 뚫고 갈지 말지는 미지수다. 따라서 돌파하기를 기대하기보다는 저점에서 매수해 이미 수익을 내는 중이라면 네모 표시의 저항대에서 일부 정리하는 것이 좋다.

대성창투의 경우 Demark선 위에서 시초가가 형성되었다. 처음부터 저항을 뛰어넘어 상승한 종목이니만큼 추가 상승 여력이 높다.

지에스이오

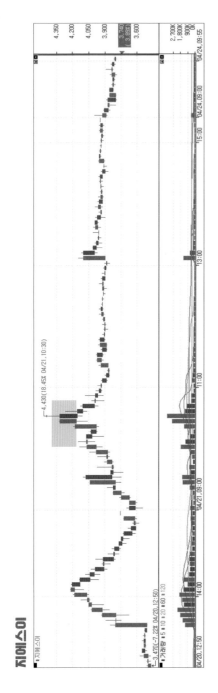

대성창투

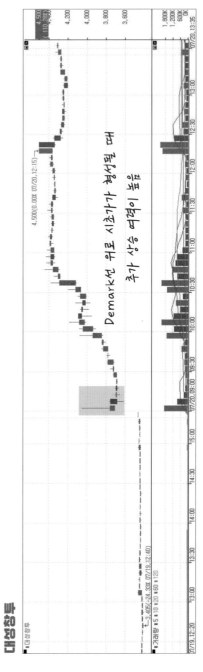

Demark선 위로 시초가가 형성될 때
주가 상승 여력이 높음

Demark는 단타 매매의 지지와 저항 역할을 할 때 좋다. 특히 고점 매도를 할 때 참조 지표로 이용된다. 시초가가 Demark 위에서 시작할 때 매도 주가 상승 여력이 높다.

56 추세 전환의 신호탄 Demark

💬 　떨어지는 로켓에 올라타지 말고, 달리는 말에 올라타라. 과거부터 현재까지 주식시장에서 제일 강조되는 건 역시나 추세임이 분명하다. 이 말은 결국 타점에 연연하지 말고, 애당초 오를 종목을 잘 고르는 게 더 중요하다는 이야기와 같다.

　올라가는 종목에는 약간 높게 타점을 잡아도 수익이나 본전을 제공할 수 있지만, 내려가는 종목에선 정확한 타점이 수반되지 않으면 손실로 마감될 수 있다.

　즉 상승추세로의 종목선정을 잘하는 게 매우 중요한데, Demark 보조지표는 이에 많은 도움을 준다. 전체적으로 차트가 바닥권인 종목들이 좋다. 전체적인 흐름의 순서는 다음과 같다.

　과거의 주가에 비해 많이 하락한 종목을 활용할 것이다. 주가가 바닥권 혹은 하락추세의 종목에서 거래량 동반과 함께 일봉상 Demark를 뚫어줄 때, 추세 전환의 신호탄으로 본다. 하루의 주가가 마무리되었을 때, 양봉상 종가가 Demark 저항선을 넘어간 상태여야 그다음에도 지속해서 주가가 상승한다고 볼 수 있다.

여기서 조심해야 할 것이 만약 다음 날 시가가 저항선 아래에서 시작할 경우다. 그럴 때는 추세 전환에 실패했을 가능성이 더 크다. 다음 날 시가가 Demark 저항선 위에서 시작해야 유의미하므로 명심하도록 하자. 거래량은 많이 수반되면 될수록 좋지만, 필수적인 요소는 아니다.

바이오니아 차트 1을 예시로 보자. 일봉상 저점인 차트였던 데다가 5분봉상 Demark 고점을 거래량을 수반하며 통과하는 구간이 네모 표시 부근이다. 거래량이 발생하면서 돌파하는 것과 거래량이 없이 돌파하는 건 큰 차이가 있으므로 유념해서 보도록 하자. 돌파 이후에 주가가 상승 구간에서 박스권을 그리다가 재차 상승함을 볼 수 있다. 그래서 그 뒤로 얼마나 올랐을까? 바이오니아 차트 2는 Demark 고점 돌파 이후의 기간으로 보는 일봉 차트인데, Demark를 돌파하고 나서 이후 주가가 80% 이상 상승했다.

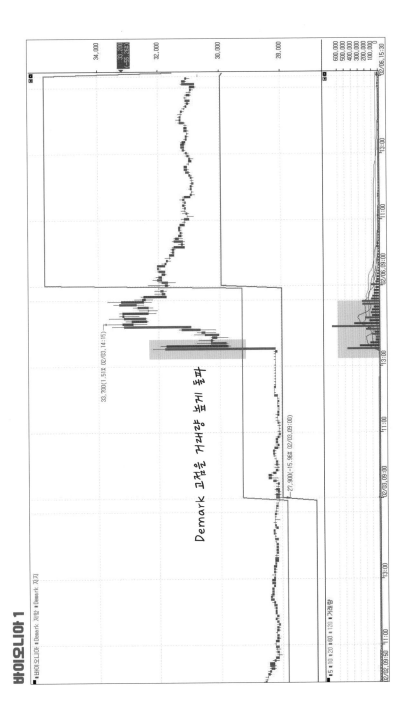

바이오니아 1

바이오니아 Demark 저항 Demark 지지

33,700(1.51% 02/03.14:15)

Demark 고점을 거래량 돌파

-27,900(-15.96% 02/03.09:00)

5 10 20 60 120 거래량

바이오니아 2

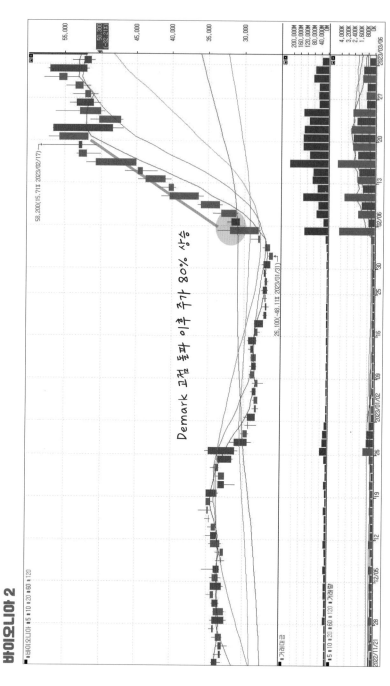

Demark 고점 돌파 이후 주가 80% 상승

Demark를 강한 거래량과 함께 돌파하고 나면 주가 상승 여력이 있다. 추세 예측하는 데 용이한 지표다.

57 거래량은 주가에 선반영되어 있다, OBV

주식투자를 하다 보면 흔히 세력이란 이야기를 접하게 되고, 세력은 주가를 미리 선취해 주가를 조종하는 집단이라고 여긴다. 하지만 세력도 결국은 돈 많은 투자자일 뿐이다. 우리보다 빠르게 선취매할 뿐이지 몰래 선취매할 수는 없다. 또한 돈이 매우 많은 조직이니만큼 한 번에 모든 주식을 매집해나갈 수 없다. 분할로 매집해나갈 것임을 추측할 수 있다.

매집이란 것은 말 그대로 주식을 모아가는 것으로, 매집해나가면 당연히 거래량으로 나타난다. 하지만 조심히 분할 매집해나가면 거래량으로는 드러나지 않기 때문에 보조지표의 도움을 받아야 포착할 수 있다. 이를 도와주는 보조지표는 OBV라는 조력자다.

OBV는 On Balance Volume의 약어로, 거래량은 항상 주가가 선행한다는 것을 전제로 주가를 분석하는 방법이다. 주가가 상승한 날의 거래량과 주가가 하락한 날의 거래량을 누계로 집계해 표기한다.

- OBV 증가: 매집 활동이 꾸준히 이뤄진다고 볼 수 있다.
- OBV 감소: 매집을 멈추고 분산하는 활동으로 볼 수 있다.

추세도 같이 연관 지어 살펴보면 더욱더 훌륭하다. 주가차트가 상승추세 속에서 OBV의 값이 증가한다면 더 큰 탄력으로 인해 상승세가 이어질 것으로 추측할 수 있다. 반대로 상승추세 속에서 OBV 값이 감소한다면 이제 곧 상승추세가 끝나고 하락추세가 시작할 것으로 추정할 수 있다.

미래생명자원은 곡물 관련 테마 종목으로 상승추세 속 차트다. 단순히 거래량과 종목이 상승추세라고 해서 추가 상승할지는 알 수 없다. 다만 OBV 값이 증가하고 테마가 아직 유효하다고 판단된다면 추가 상승할 가능성이 매우 커진다. 차트를 보다시피 상승추세를 이어나가고 있으며, OBV가 계속해서 상승함으로써 세력이 추가 매집을 통해 상승추세를 더 이어나갈 것이라는 예측이 가능한 부분이다.

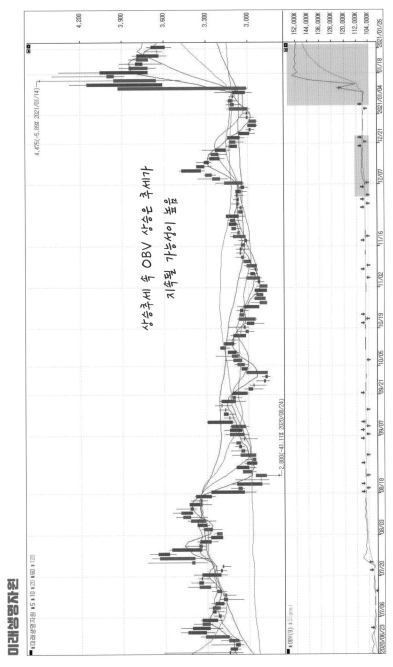

OBV 증가는 세력의 매집 활동이 꾸준히 이뤄지고 있다고 볼 수 있다. 상승추세 속 OBV 증가는 긍정적 신호로 보인다. 반대로 OBV 감소는 매집을 안 하고 있다고 추측 가능하니 하락이 예상된다.

58 저점을 귀신같이 잡아내는 윌리엄스R

윌리엄스R 보조지표는 모멘텀 지표로 널리 알려져 있으며, 스토캐스틱 차트에서 파생된 기법이다. 래리 윌리엄스가 개발한 모멘텀 지표로 단기·중기·횡보 추세의 시장에서 사용하기에 유용하다. 기본 세팅은 14일로 맞춰두며, 일봉 기준으로 설정한다.

이 지표는 스토캐스틱 보조지표와 주로 비교되고는 한다. 스토캐스틱이 최저점 대비 당일 종가가 얼마나 상승했는지에 대한 '고점신뢰도' 지표라면, 윌리엄스R은 최고점 대비 당일 종가가 얼마나 하락했는지를 보기 때문에 '저점신뢰도' 지표로 사용한다. 윌리엄스R(14일) 기준, -80~-100은 과하게 떨어졌다고 판단해 매수 진행 가능 구간이다.

해당 지표에서는 매도보다 매수에 조금 더 초점이 맞춰져 있다는 점을 지켜봐야 한다. 무조건 1%에 팔든, 3% 수익에 팔든, 10% 수익에 팔든, 수익이 나려

1페이지 주가차트

면 무조건 싸게 사야 한다. 이런 이유로 필자는 매도보다는 당연히 매수에 더 높은 비중을 갖고 공부하고 연구한다.

MH에탄올의 차트에서 네모 표시가 과매도 구간에 해당한다. 즉 매수 가능 영역이며 윌리엄스R의 -80~-100 구간에 존재한다. 보다시피 윌리엄스R의 -80~-100 구간에 진입하면 상당히 높은 확률로 최저점을 잡아내는 것을 볼 수 있다.

매수 이후에 얼마나 오를지는 예측이 불가능하다. 따라서 큰 수익을 꾀하기보다는 짧게라도 수익을 실현한다는 전략으로 가야 한다. 잘 사용하면 1%든, 2%든 수익을 줄 수 있는 저점을 잡게 도와주는 지표임은 확실하다. 중·소형주가 아닌 대형주의 경우에 오히려 잘 맞아떨어진다.

카카오는 업종을 대표하는 초대형주다. 카카오 차트에서 주가가 심하게 하락하는 과매도 구간에서 윌리엄스R 지표가 -80~-100 구간에 들어오게 되면 매수 구간으로 볼 수 있고 이후 반등을 주어 수익을 실현할 수 있음을 확인된다.

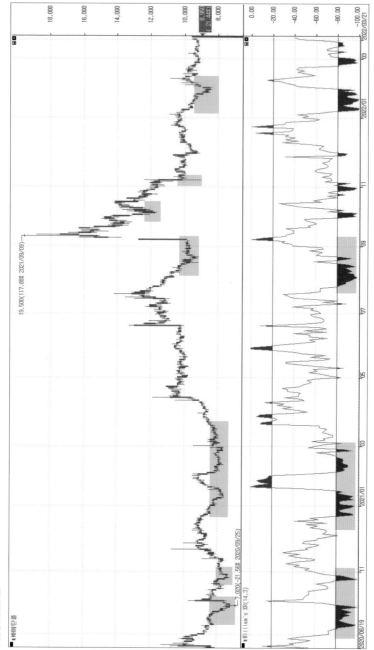

MH에타올

1페이지 주가차트

윌리엄스R은 주가의 저점을 찾아내는 데 쓰이는 보조지표다. 최대한 저렴하게 매수할 수 있다면, 어떻게든 수익이 난다. 윌리엄스R(14일) 기준 −80∼−100은 과하게 떨어졌다고 판단해 매수 진행을 할 수 있는 구간이다. MH에 탄윌과 카카오의 차트상 네모 표시는 윌리엄스R −80∼−100 구간이며, 차트상 저점이라고 추정되는 구간이다. 실제로 주가는 그 이후 반등했다.

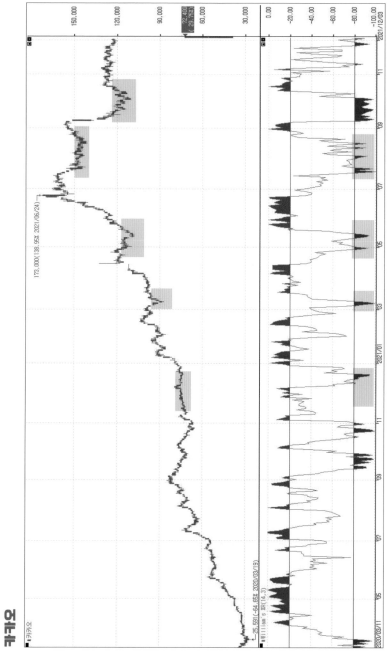

59 일목요연한 보조지표

지지층과 상승추세 둘 다 한 번에 알 수 있는 보조지표가 있으면 얼마나 좋을까? 이 둘을 일목요연하게 보여줄 수 있는 보조지표가 일목균형표다. 이 지표는 일본에서 개발된 지표로 주가의 움직임을 5개의 의미 있는 선을 이용해 주가를 예측하는 기법으로 시간 개념이 포함된 지표를 말한다.

엘리어트 파동이론 등이 과거의 가격과 트렌드를 중시하는 데 비해 일목균형표는 시간을 주체로 하고 가격은 2차적인 개념에 불과하다는 데 기초를 둔 분석모형이다. 호소다 코이치가 개발한 이 기법은 주식시장의 주가 움직임을 체계적으로 설명하고 파악하는 데 활용도 및 기법 신뢰도가 매우 높다. 처음에 보면 꽤 어려워 보이지만, 딱 2가지만 기억하면 기법을 활용하는 데 전혀 문제 없다.

1페이지 주가차트

- 기준선
- 구름대

이 두 용어는 그림을 통해 배워보는 게 제일 좋을 것 같다

카카오 차트 1에서 네모 구간의 색으로 표시된 선행스팬1이 선행스팬2 위에 위치해 있는 부분이 구름대다. 그리고 동그라미의 기준선이라고 되어 있는 초록색 선이 기준선이다. 선행스팬과 전환선에 대해서는 천천히 설명하겠다. 여기에서 집중해야 할 부분은 구름대와 기준선이다. 구름대와 기준선을 통해 어떻게 매매를 할 수 있을까?

캔들(봉)이 기준선 위에 위치해 있고, 구름대가 기준선 밑에 있다면 이는 매수세가 아직 강하고 상승추세에 있음을 알 수 있다. 따라서 캔들이 기준선 밑으로 떨어지더라도 그 밑에 구름대의 모습이 살아 있다면 바로 손절하기보다는 홀딩해 다시 주가가 회복하는지 지켜볼 여유가 생긴다. 카카오 차트 2의 경우 기준선을 이탈하는 모습을 동그라미 표시처럼 보이지만 아직 구름대가 살아 있으므로 다시 주가가 회복해 상승추세로 돌아섬을 볼 수 있다.

카카오 1

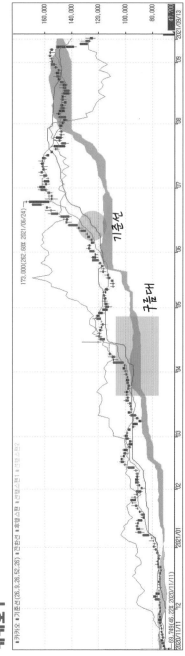

기준선

구름대

카카오 2

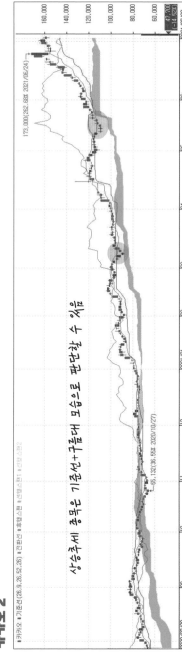

상승추세 초두는 기준선+구름대 모습으로 판단할 수 있음

일목균형표는 지지대와 상승추세를 한눈에 볼 수 있는 보조지표다. 기준선은 추세, 구름대는 지지대로, 이 2가지로도 추세매매를 하는 데 부족함이 없다.

60 CCI의 돌파 시점을 포착하라

CCI(Commodity Channel Index)의 원래 목적은 상품 가격의 계절성이나 주기성을 알아보기 위한 것이다. CCI는 최근의 가격이 이동평균과 얼마나 떨어져 있는가를 추세의 강도와 방향을 나타내주는 지표로, 절대값이 클수록 강하고 절대값이 작을수록 추세는 약하다.

CCI 지표를 활용한 차트 분석에 앞서 CCI 수치를 해석해야 한다. CCI 지표를 통해 시장이 과매수 상태인지, 과매도 상태인지 판단할 수 있다. 양(+)의 값을 가진다면 상승추세, 음(-)의 값을 가진다면 하락추세를 나타내는 것이다. 그리고 CCI가 기준선인 0선과 위치 혹은 근접함은 이동평균선이 거의 수렴해 있는 상태를 뜻한다. 이동평균선은 수렴하면 발산하는 특징이 있으므로 CCI가 0선 부근에 있다면 조만간 방향을 정할 것이다.

CCI 선이 마이너스에서 플러스로 전환하는 시점, 즉 0선을 상승추세로 돌파할 때 매수의 관점으로 본다. 반대로 CCI가 플러스에서 마이너스로 전환할 때 매도 대응 전략으로 본다. 또한 CCI가 +100 이상은 과매수 구간, -100 이하는 과매도 구간으로 본다. 과매도 구간으로 진입한 다음 -100선을 상향 돌파할 때 매수 전략을 사용할 수 있으며, 과매수 구간에서 +100선을 하향 돌파할 때 매도하는 것이 좋다.

BYC 차트에서 동그라미 표시 부근이 바로 CCI가 0선을 상승추세로 돌파하는 지점이다. 그리고 네모 표시를 보면 주가가 상승함을 볼 수 있다. 이렇게 추세를 선제적으로 파악할 수 있는 지표가 CCI이다.

반대로 일동홀딩스 차트를 보면 동그라미 표시처럼 CCI가 0선을 하향추세로 돌파할 때, 매도의 중요성을 보여준다. 바로 이후 주가가 우하향해 계속 떨어짐을 볼 수 있다.

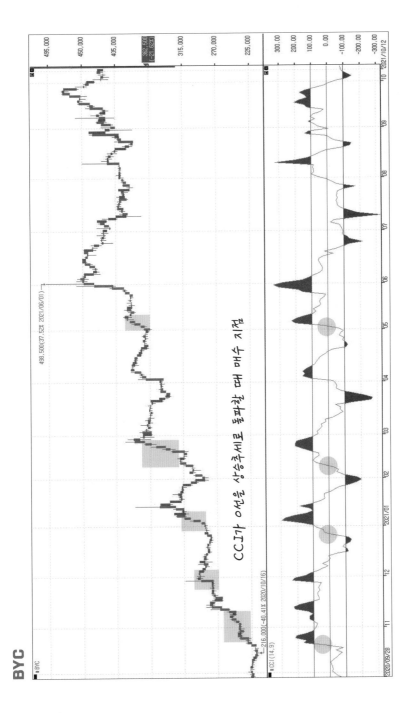

CCI가 0선을 상승추세로 돌파할 때 매수 시점

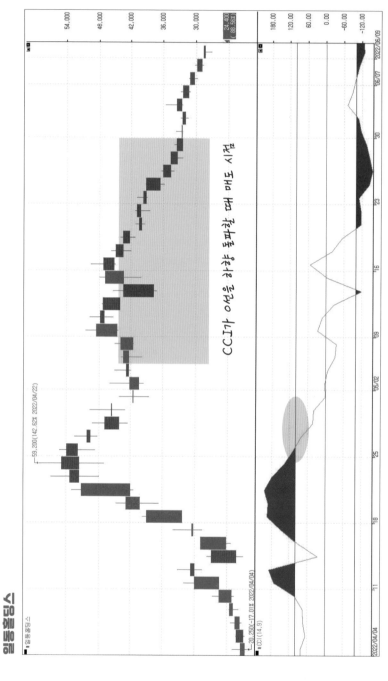

일동홀딩스

CCI가 0선을 상승추세로 돌파할 때 매수 시점, CCI가 0선을 하락추세로 돌파할 때 매도 시점이다.

61 신규상장주와 엔벨로프를 이용한 매매 방법 1

엔벨로프 지표는 중심선과 이격도를 나타낸다. 모든 주가는 특정 이동평균선을 중심에 두고 밴드를 형성한다는 개념이 바탕에 두어 만들어진 지표다. 엔벨로프 중심선은 추세의 중심 역할을 하고 상·하한선은 중심선에 일정 비율만큼 더하거나 뺀 값을 의미한다.

엔벨로프 하단선은 지지 역할을 하고, 상단은 저항 역할을 해서 그 밴드 내에서 매매를 할 수 있다. 다만 이 부분은 좀 어려울 수 있는 것이, 엔벨로프 하단선에 닿지 않고 상승하는 경우도 있고 하단선을 이탈하고 반등하는 경우도 있기 때문이다. 따라서 적절하게 분할 매수를 함으로써 대응해야지, 엔벨로프 하단 이탈이 꼭 손절해야 하는 지점으로 볼 수는 없다.

신규상장주와 엔벨로프 20 하단선을 이용해 매매를 할 수 있다. 보통 신규상장주는 상장 시 급등하거나 급락하는 등 등락이 꽤 큼을 알 수 있는데, 상장

후 급등한 뒤에 충분한 조정기를 거쳐 엔벨로프 20 하단선 부근까지 주가가 내려온 사례를 보자.

주가가 오르기 위해서는 세력이 반드시 물량을 매집해야 한다. 그런데 계속해서 오르다 보면 따라붙는 세력들이 많아서 필연적으로 주가를 누르는 등 조정기를 거쳐야 한다. 조정을 얼마나 거쳐야 '충분히'라고 이야기할 수 있을까? 바로 엔벨로프 20 하단선 부근까지 조정이 왔을 때 매수 시기로 인지하고 주식을 모아가도록 한다.

완벽한 바닥을 잡기는 힘들지만, 아랫꼬리가 나온 캔들이 발생하기 시작하고 거래량이 증가한다면 바닥으로 추정하고 진입하는 것이 좋다. 섣부르게 음봉에 매수하기보다는 확인하고 진입하도록 한다. 그러고 나서 주가가 반등하기 시작한다.

SK바이오사이언스의 경우 신규상장 이후 주가가 36만 원까지 상승한 뒤, 조정기를 가지면서 엔벨로프 하단 부근에서 반등함을 볼 수 있다.

SK바이오사이언스

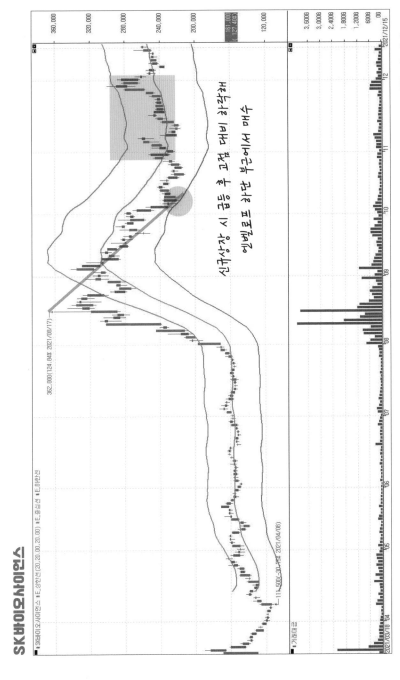

신규상장주와 엔벨로프 20 하단선을 이용해 매매할 수 있다. 신규상장 이후 급등해 최고점에 도달한 뒤, 하락할 때 엔벨로프 20 하단선을 매수 구간으로 잡고 접근한다.

62 신규상장주와 엔벨로프를 이용한 매매 방법 2

앞서 신규상장 이후 급등하고 조정을 거쳐 엔벨로프 하단 부근에 닿는 사례를 설명했다. 신규상장주는 2가지 흐름을 가지고 있는데, 하나는 상장 후 급등 그리고 나머지는 상장 후 상승하지 못하고 하락하는 경우다.

상장 이후 하락하는 이유는 여럿이 있겠지만 결국은 주식의 가격이 상승할 만큼 세력이 충분한 물량을 매집하지 못해서다. 세력이 매집을 많이 하면 할수록 주가 부양이 쉬워지기 때문이다. 충분한 물량을 매집하기 위해서는 주가가 옆으로 횡보만 해서는 안 된다. 주가의 가격을 확 조정해 해당 하락분을 견디지 못하게끔 해야 기존 보유자들이 손실 처리하면서 시장에 출회하는 물량이 나온다. 그 물량들을 세력들이 충분히 매집해야 주가가 상승한다. 여기서도 엔벨로프 기법을 이용할 수 있다.

상장 후 급등하지 못하고 하락추세를 지니며 몇 개월이 지난 종목 중에서 엔벨로프 하단 20까지 내려온 종목을 찾는다. 부근에서 밑꼬리가 길게 달린 음봉이 나올 시 매수 포인트다. 엔벨로프 20 하단까지 주식 조정기를 가졌다는 것은, 상장 이후에도 30% 이상의 하락이 발생했다는 것과 같다. 세력이 충분히 주식을 매집했다고 보고, 반등이 꽤 크게 나올 것임을 예측한다. 다만 신규상장된 가격대의 저항을 뚫기는 어렵다. 따라서 기대하는 수익률은 10% 이상부터 분할 매도하도록 한다.

주의해야 할 사항은 손절이다. 차트 매매는 차트가 많이 그려지면 그려질수록 참고사항이 많은데, 신규상장주는 그려져 있는 차트가 거의 없다. 따라서 특정 지지선을 손절라인으로 잡기보단, 계좌를 지키는 범위인 매수 평단가에 -10% 수준으로 설정해두는 것을 추천한다.

우리손에프앤지는 상장한 이래로 주가가 40% 내리 하락하면서 엔벨로프 하단에서 반등이 겨우 나옴을 볼 수 있다.

우리손에프엔지

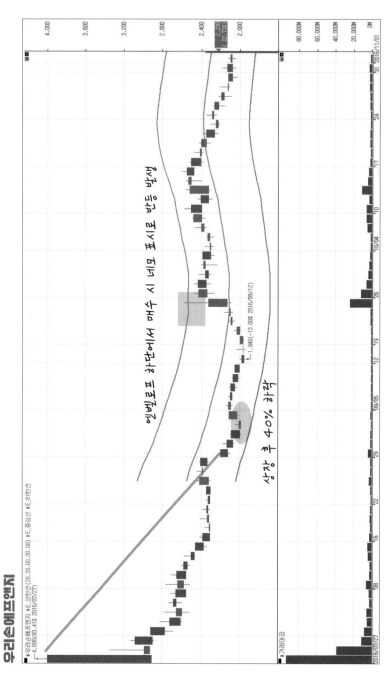

엔벨로프 20 하단선, 그리고 신규상장주를 이용한 다른 매매 방법이다. 상장 후 급등이 아니라 지속 하락했을 때도 마찬가지로 엔벨로프 20 하단 지지가 매수 구간이다.

1페이지 주가차트

엔벨로프는 이동평균선을 토대로 만들어진 지표이니만큼, 추세 추종형 지표로 엔벨로프 채널의 움직임을 통해 추세를 파악할 수 있다.

주가의 이동평균을 기본으로 하므로 엔벨로프 또한 가격의 움직임을 따라가는 성질이 있다. 중심선은 이동평균선인데, 이것을 추세선으로 보고 엔벨로프 상단 또는 하단에서 주가가 움직이고는 한다. 그러다 엔벨로프 상단이나 하단의 범위를 이탈하면 추세가 상승추세든지, 하락추세든지 뚜렷하게 변할 가능성이 크다.

하지만 앞서 소개했듯이 주식시장에서 추세는 그렇게 쉽게 바뀌지 않는다. 추세는 관성과도 같아서 상승추세는 계속해서 상승추세를 이어나가려고 하고, 하락추세는 계속해서 하락 흐름을 만들어나가려고 하기 때문이다. 이 추세가 전환되기에는 매우 어렵기에, 보통은 추세를 거스르지 않고 흐름에 편승해 매매를 많이 하고는 한다.

특히 시가총액이 큰 무거운 코스피 또는 코스닥 대형주는 추세를 유지하려는 힘이 일반 종목보다 강한데 그랬을 때는 엔벨로프는 아주 유용한 매매 기법이 된다. 엔벨로프 기법이 만들어진 배경 자체가, 주가가 추세 속에서 상승 또는 하락의 박스권 모습을 유지한다는 것을 토대로 만들어진 기법이기 때문이다.

차트 설정 세팅은 다음과 같다.

- 엔벨로프 10선으로 설정한다.
- 코스피 또는 코스닥 내 시가총액이 최소 5천억 원 이상인 종목을 선정한다.
- 주가가 추세를 그리며 박스권을 유지 중일 때 엔벨로프 10 하단밴드에서 매수한다.
- 그 뒤 반등해서 주가가 올라오면 기준선에서 1차 매도한다.
- 기준선 돌파 시 최대 엔벨로프 10 상단 구간까지 올 때 전액 매도해 수익을 실현한다.

마찬가지로 손절은 매수 기준 -10% 구간에서 잡는 것이 좋다. 삼성바이오로직스는 바이오 대형주다. 상승추세 속의 종목에서 조정기에 엔벨로프 하단 부근에서 매수를 시작한다면 반등을 먹을 수 있다.

1페이지 주가차트

삼성바이오로직스

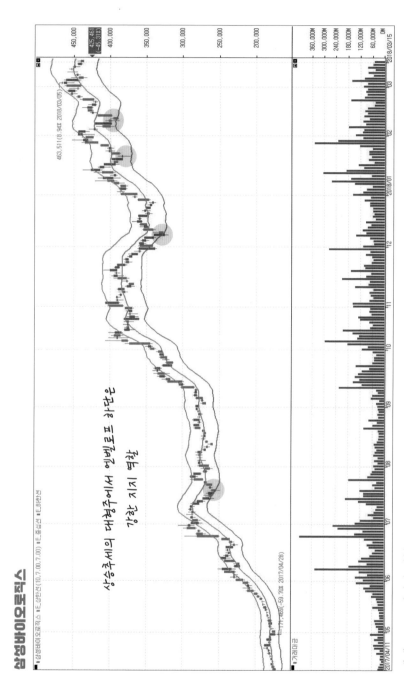

엔벨로프는 지지와 저항, 그리고 추세를 보여주는 데 용이한 보조지표다. 시가총액이 큰 대형주일수록 지지와 저항 부근의 정확성이 훨씬 높아진다. 대형주의 상승추세에서 엔벨로프 하단은 강한 매수지점이 된다.

64 대형주를 이용한 RSI 기법

RSI는 일정 기간 주가가 전일 가격에 비해 상승한 변화량과 하락한 변화량의 평균값을 구해 상승한 변화량이 크면 과매수로, 하락한 변화량이 크면 과매도로 판단하는 방식이다. 이러한 방식을 초우량주에 이용해 만들어진 스윙투자 기법이 있다.

초우량주란 말 그대로 업종 대표주라고 이야기할 수 있다. 예를 들면 삼성전자, LG디스플레이, 현대차, 포스코, 아모레퍼시픽, 셀트리온, 카카오, 대한항공 등 각 업종에서의 대표격인 종목들을 의미한다. 이런 종목들의 특징은 무엇일까? 바로 시가총액이 크다는 점이다. 시가총액이 큰 회사에게 잘 먹히는 보조지표가 바로 RSI이다.

매매 전략은 다음과 같다. RSI는 상단선을 넘으면 과매수 구간, 하단선 아래로 가면 과매도 구간으로 볼 수 있다. 과매수 구간이라는 것은 매수 포화 단계

1페이지 주가차트

로 내려갈 가능성이 크고, 과매도 구간은 매도가 너무 많이 되었다고 인식되어 반등을 줄 가능성이 크다. 다만 과매도 구간이 오더라도 그 시점은 꽤 길지 않아 매수하기에는 충분치 않은 시간을 제공한다. 하지만 원래 매수 타이밍이 길면 길수록, 다양한 세력들이 달라붙기 때문에 좋지 않다. 타이밍만 잘 잡는다면 절대 손실을 보지 않고 바닥을 잡을 수 있다.

삼성물산은 무역업종의 대표적인 초우량주다. 확실히 시가총액이 높은 종목이다 보니, 차트 흐름에서 확실한 매수 구간은 RSI 과매도 구간이었음을 확인할 수 있다.

아모레퍼시픽 역시 화장품 업종의 대표 주자다. 주가가 전반적으로 하향추세를 이어가고 있지만, RSI가 과매도되어 있는 구간인 동그라미 표시에서는 기가 막히게 반등함을 볼 수 있다.

초우량주를 매매하는 가장 큰 장점은 적은 변동성이다. 그렇다 보니 손절 가능성이 매우 적다. 하지만 RSI 과매도 구간에서 매수했을 때, 초우량주임을 감안해도 수익률이 높음을 볼 때 완전 알짜배기 기법임이 알 수 있다.

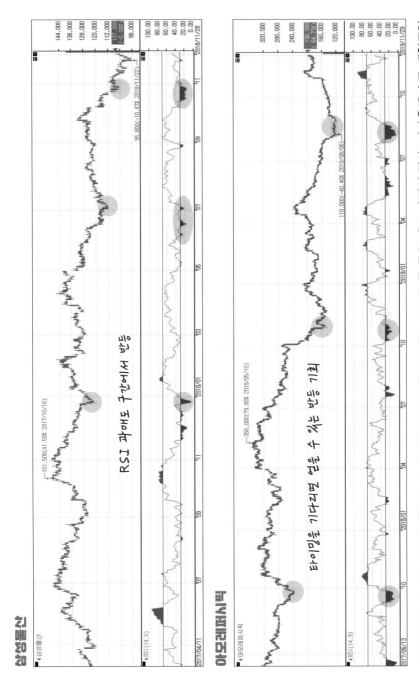

시가총액이 클수록 기법이 정확도는 높아진다. RSI 과매도 구간(30 미만)은 곧 좋은 매수 타점이 된다. 시가총액이 큰 대형주일
수록 이 부분이 더 맞아떨어진다.

65 Sonar를 이용해 추세 강도를 알아보자

이번에는 Sonar 지표를 통해 추세를 확인하는 연습을 해보겠다. 앞서 추세의 중요성 및 관련 기법들에 대해 수차례 이야기한 만큼, 추세에 대해 잘 알면 알수록 매매가 수월해진다.

필자는 Sonar 지표를 이용한 추세 추종 매매를 여느 기법보다 선호하는 편이다. Sonar는 개념적으로 과거의 주가 변동 대비 현재의 주가 변동에 대해 가중치를 부여함으로써 최근의 주가 흐름을 잘 반영하는 보조지표다. Sonar 지표의 수식은 그래서 단순하다.

(금일 N 이동평균선 ÷ 전일 N 이동평균선) - 1

※ N은 며칠이냐에 따라 변경 가능

이동평균선을 활용해 한계 변화율을 나타내주는 지표이니만큼, 주가의 사이클의 전환점을 알아내고 추세의 힘을 확인하는 데 있어 유용한 보조지표다. 주가가 계속 상승추세여도 Sonar의 기울기가 둔화하면 상승추세가 꺾이며 주가가 하락으로 돌릴 가능성이 크다고 보고, 주가가 하락하더라도 Sonar 지수가 점점 증가하면 주가가 상승으로 돌릴 가능성이 크다고 보기 때문이다.

Sonar 지표를 이용한 투자 방법은 엄청 간단하다. 0선을 기준으로 잡고, 0선을 아래에서 위로 상승 돌파 시 매수 시점으로 보며, 반대로 0선을 위에서 아래로 하락해 돌파 시 매도 시점으로 본다.

신세계건설 차트 1을 보자. 주가가 오랜 기간 횡보하면서 동그라미 표시처럼 Sonar가 0선을 돌파했을 때 주가가 상승 혹은 급등한다. 대형주의 추세도 민감하게 찾아내서 반응한다. 반대로 신세계건설 차트 2에서 0선을 하향 돌파할 때 빠른 매도 대응을 통해 큰 손실을 막을 수 있음을 보여준다.

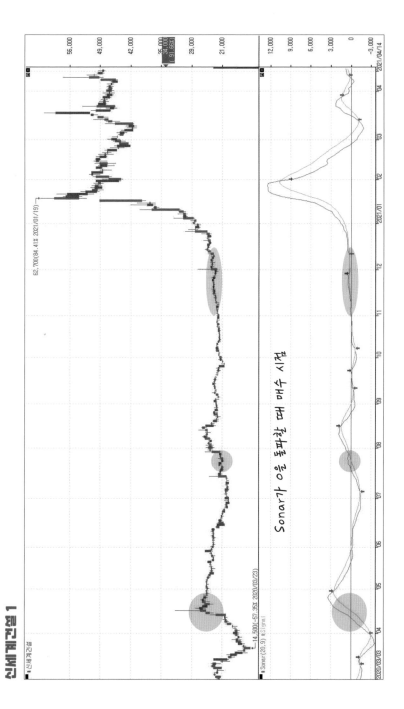

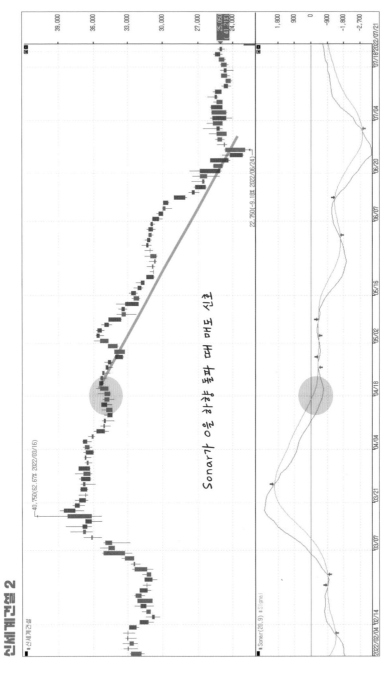

Sonar 지표를 이용한 투자 방법은 엄청 간단하다. 0선을 기준으로 잡고, 0선을 아래에서 위로 상승 돌파 시 매수 시점으로 보며 반대로 0선을 위에서 아래로 하락해 돌파 시 매도 시점으로 본다.

1페이지 주가차트

66 ADR을 통해 지수의 바닥을 잡아보자

호황, 상승장이라는 말은 주식투자자에게 축제와도 같다. 아무리 하락장에 수익이 잘 나더라도 상승장에서 쉽게 수익이 나는 것을 느껴본다면, 결국 시장을 거슬러 수익을 내는 것은 현명하지 않다는 것을 깨닫게 된다. 그래서 좋은 종목을 무작정 매수하기보다 현재 주식시장이 안정적인 시장 궤도를 그려가고 있는지를 선제적으로 파악하는 게 더 중요하다. 이러한 이유로 모든 주식투자자는 상승장을 기다린다.

좋은 주식시장이 대세 상승장이 되려면 많은 종목이 상승하거나 혹은 대형주의 상승이 동반되어야 한다. 많은 종목이 오르면 자연스레 내가 보유한 종목도 상승할 확률이 높으니, 그만큼 지수(코스닥과 코스피)의 상승이 중요함을 알 수 있다.

ADR 지표란 Advance Decline Ratio의 약자로 특정 기간에 상승 종목 누계를 하락 종목의 누계로 나눈 백분율이다. 한마디로 시장에서 상승한 종목이 많았냐, 하락한 종목이 많았냐를 따져보는 것이다. 그를 통해 이게 상승장이냐, 하락장이냐를 구분한다.

ADR을 사용할 때 국내 주식에서는 주로 20거래일의 값을 사용해 매수세와 매도세 중 어느 게 더 강한가를 추정한다. 시장 지수가 120 이상이면 과열 구간, 75 이하면 과매도 구간으로 보며, 75 이하로 내려갔을 때는 다시 상승할 가능성이 크다고 본다. 따라서 75 이하 부근에서는 종목들이 대체로 너무 하락했으므로 반등 가능성이 있어, 분할 매수로 접근하는 투자 방법을 추천한다.

코스피는 우리나라의 대형 거래소이자 대표지수라고 볼 수 있다. ADR 75 미만 구간을 네모로 표시했는데, 지수의 반등이 잘 나왔음을 볼 수 있다.

1페이지 주가차트

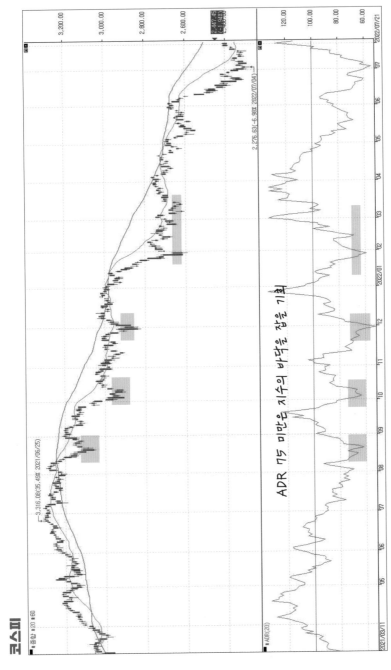

지수가 오르면 대부분 종목이 우상향한다. 즉 지수를 잘 잡아낼 수 있다면 강점이 된다. ADR 보조지표는 지수를 잡아내는 데 용이하며, 75 미만이 올 때 지수의 바닥으로 추정할 수 있다.

직장인은 아침 9시부터 오후 6시까지 일하는 경우가 많다. 그 시간대에
는 주식시장이 활성화된 때라 매매에 참여하기가 시간적·공간적으로
제한을 받는다. 따라서 계속해서 주식 창을 쳐다보지 않고 편안하게 매
매할 수 있는 스윙기법을 반드시 익혀야 한다. 최고의 승률을 자랑하는
스윙기법을 추천한다.

CHAPTER 8

직장인은 스윙 매매 기법이 필수다

67 바닥주 공략 매매

차트투자는 그 기간에 따라 용어를 달리하는데, 스윙 매매는 대략 일주일에서 한 달 정도 기간을 잡고 종목을 보유하는 매매를 의미한다. 이번에는 바닥주를 이용한 스윙 매매를 소개하겠다.

바닥주란 주가의 위치가 상대적으로 저점에 위치해 있는 종목을 말한다. 상대적으로 저점은 근래 6개월~1년 주가 중에서 고점 대비 70% 정도는 하락했을 때를 의미한다. 특정 종목이 70% 이상 하락하려면 일반적으로 다음과 같은 시장 환경에서 발동한다.

- 코스피 또는 코스닥의 급락(시장 환경 악화)
- 대형주 수급 쏠림 현상으로 인한, 중·소형주는 외면받는 시장
- 특정 순환 테마를 가진 종목(테마가 주목받지 못할 때, 조정받음)

• 악재 발생한 종목, 상승 재료가 소멸한 종목

가급적 악재가 발생한 경우를 제외하고서는 바닥주 매매 기법을 적용할 수 있다. 매매의 프로세스는 다음과 같다.

예를 들어 고점이 1만 원 정도라고 하면, 나의 매수 포지션은 3천 원 이하부터 시작이다. 비중을 전량 투입하는 것이 아닌 3천 원, 2천 원 등으로 추가 하락 시를 대비해 매수 여력을 남겨두는 것이 중요하다.

여기서 이제 중요한 것은 재무적으로 훼손되지 않은 종목이어야 한다는 것이다. 재무적으로 훼손된 종목의 주가는 당연히 내려갈 수밖에 없으며, 이를 과대낙폭 되었다고 판단하기 어렵기 때문이다.

매수 이후에는 기대수익을 10~20% 정도로 보고 매도 타이밍을 잡는 것이 바람직하다. 전고점까지 가는 경우가 존재는 하나, 고점으로 올라갈수록 개인 투자자들이 물려 있는 물량들이 존재하기 때문에 상승 동력이 많이 약해진다.

대성창투는 코스닥 테마주로, 주가가 몇 번의 파동 끝에 최고점 6천 원을 달성한 뒤 주가가 60% 하락한 2,500원 근방에서 30% 이상의 반등을 보여주었다. 다만 언제 이렇게 큰 반등을 보여줄지는 확실하게 알기 어렵다. 이 매매 기법의 최대 장점은 안정성이다.

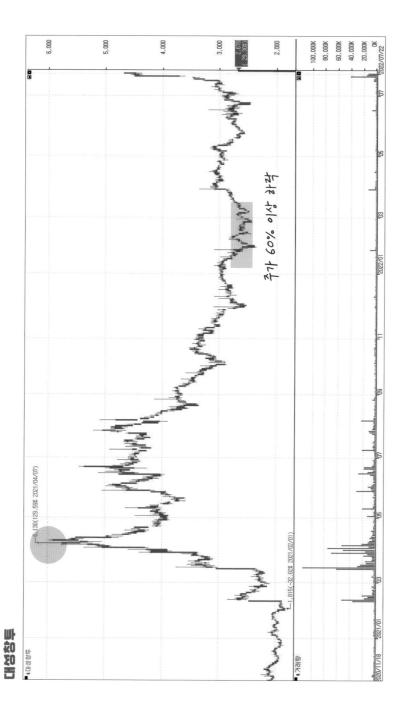

주가 60% 이상 하락

6,130(129.59% 2021/04/07)

1,815(-32.02% 2021/02/11)

대성창투

거래량

68 발목에서부터 분할해나가는 법

투자의 본질은 최대한 저렴하게 매수해 값비싸게 매도하는 것이다. 우리나라에서 부동산투자로 돈을 번 사람은 많아도 주식투자로 큰돈을 벌었다는 이야기는 접하기 어렵다. 왜 그럴까? 상대적으로 부동산 상승률이 높기 때문인가 하면 꼭 그렇지도 않다. 주식도 몇십 배 상승했다는 이야기들도 쉽게 들을 수 있지 않은가? 필자는 부동산과 주식의 차이가 나는 주요 원인은 인내의 차이라고 본다.

실제로 주식시장에서 기간 대비 수익률을 비교했을 때 장기 보유자일수록 손실 확률이 적고, 단기 보유자일수록 손실 확률이 높음을 증명한 사례는 아주 많다. 그래서 재무적으로 건전하며 향후 호재가 예상되는 주식 종목을 잘 잡았으면, 조금 하락하더라도 버틸 줄 알아야 한다.

잘 생각해보면 부동산은 조금 하락했다고 해서 바로 매도하는 사람들이 거의 없다. 어차피 거주해야 하거나 혹은 세금 문제 때문에라도 단기로 보유하지 않는 경우가 많다. 최소 몇 년은 보유하거나 길게는 10년 이상도 보유하는 것이 부동산이다. 주식을 그렇게 장기 보유하고 있는 사람은 보기 힘들다.

가끔 시장이 하락할 때 주식 전문가가 나서서 바닥을 예측하고는 하지만, 필자는 그 누구도 '완벽한 바닥'을 잡을 수는 없다고 생각한다. 월가의 유명한 투자자들도 완벽한 바닥을 잡는 것은 불가능하다고 말했다. 따라서 어떻게든 바닥을 잡으려는 노력보다는 이쯤 되면 주식이 더 하락해도 버틸 수 있겠다는 부분에서부터 분할 매수해나가는 것이 좋다.

하락하면 가장 흔들리는 것은 투자자의 심리다. 심리가 흔들리지 않으려면 주가가 고점에 위치하지 않고, 저점에서 매수하며, 시간을 길게 사용할 줄 알아야 한다. 단기적으로 급했던 투자자는 2020년 3~4월 코로나바이러스19의 확산으로 주가가 급락했을 때 큰 손실을 봤겠지만, 괜찮은 회사의 주가를 저렴하게 구매할 기회라고 판단한 투자자는 큰 수익을 보았을 것이다.

코스피

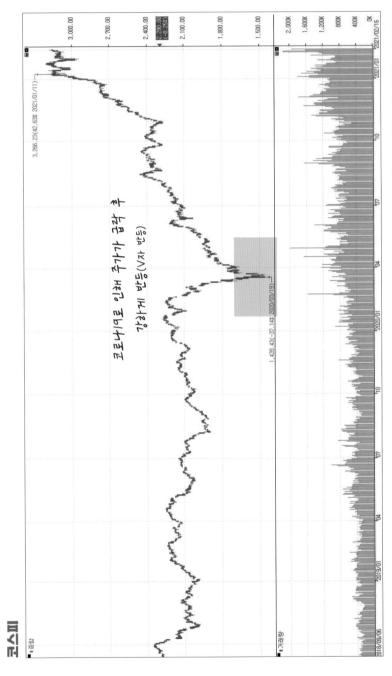

코로나19로 인해 주가가 급락 후 급 등

가파르게 반등(V자 반등)

시장에서의 호재는 하락이다. 그래야 투자 기회가 생기고 남들보다 저렴하게 매수해나갈 수 있다. 하락할 때 매수하지 못하면 상승할 때는 더더욱 못한다.

69 N자 패턴은 스윙 매매의 정석이다

스윙 매매의 정석은 보통 눌림 매매가 많다. 대표적으로 N자 패턴을 소개하겠다. 대문자 N의 모양처럼 강하게 상승했던 종목이 눌림을 주고 다시 반등이 크게 나오는 모습이다. 눈여겨봐야 할 모습은 주가가 강하게 상승할 때 거래량이 많이 실린 장대양봉일수록 좋다.

그러고 나서 어느 정도 횡보를 이어가다가 추가 상승을 하지 못하는 경우 실망하게 되는 매물로 인해 깊이 하락하게 된다. 따라서 횡보 구간에 매수하는 것이 아니라 하락분이 나오기를 기다려야 한다. 그렇게 조정된 가격대에 매수하고 상승 반등이 일어나기를 기다린다. 상승분이 나오면 천천히 분할 매도를 진행하다가 전고점 부근에서 전액 매도를 한다.

성공적인 N자 패턴 매매를 사용하기 위해서 몇 가지 알아두면 좋을 게 있다.

- 단기적으로 고점 대비 10% 이상 하락한 종목이 좋다.
- 정확한 바닥을 잡기를 노력하기보다 과대하게 낙폭된 상태에서 분할 매수 하는 것이 좋다.

라온시큐어 차트를 보며 N자 패턴의 정석을 공부해보자. 차트 흐름을 먼저 보면 동그라미와 같이 장대양봉이 발생하기 전에 충분히 횡보해주었다. 그러고 나서 장대양봉이 발생했고, 부양된 주가가 충분히 횡보했으며, 주가가 추가 상승하지 못하자 몇 개의 음봉과 함께 깊은 하락을 보여준다.

그리고 다시 상승하며 N자 모습으로 주가가 진행되는 것을 볼 수 있다. 완벽한 알파벳 N이 그려지기를 기대해 매도를 너무 고점에서 하려고 하면 안 된다. 조금 덜 그려진 상태라 하더라도, 수익이라는 것에 감사함을 느끼며 수익을 실현해나가야 한다.

대덕 차트를 보면 깊은 하락 이후에 큰 반등이 일어나지 않은 상태다. 따라서 이런 경우를 대비해, 차트의 네모 표시한 부분같이 분할 매수를 적절히 취해야 수익을 볼 수 있다.

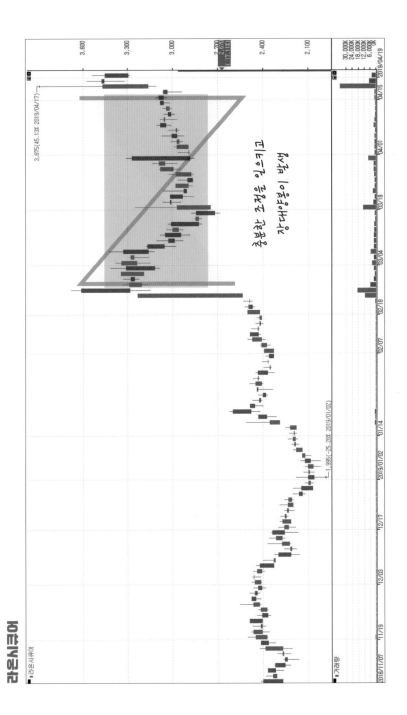

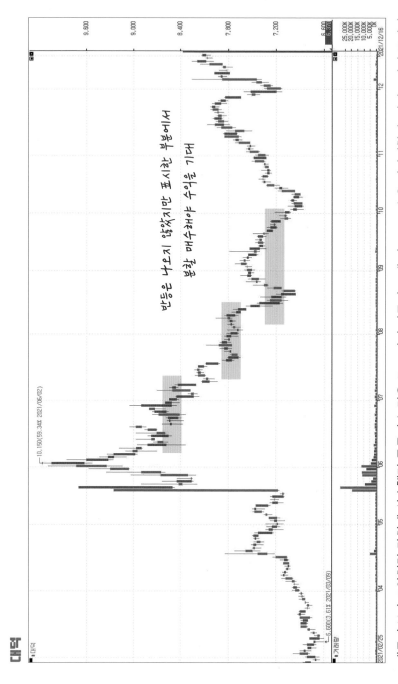

반등은 나오지 않았지만 표시한 부분에서
분할 매수해야 수익을 기대

대문자 N의 모양처럼 강하게 상승했던 종목이 눌림을 주고 다시 반등이 크게 나오는 모습을 이어간다. 다만 N자의 끝짜기가 얼마나 깊어질지 알 수 없다. 따라서 적절히 분할해야 수익을 내는 데 유리하다.

70 컵앤핸들 차트를 통한 매매 기법

성장주 발굴에 효과가 뛰어난 주가차트 패턴을 손꼽으라면 윌리엄 오닐의 컵앤핸들 패턴이다. 간단하게 설명하면 주식의 가격이 상승하는 동안 조정을 거치는 과정에서 차트의 형태가 마치 손잡이 달린 컵 모양을 한 것에 착안해 불리게 되었다. 워낙 유명한 컵앤핸들 패턴이지만, 스윙주 매매로선 이만한 게 없다.

대부분의 성장주는 다음 패턴을 지닌다.

- 1차 급상승 후 점진적으로 하락해 깊은 U자형 골짜기를 만든다.
- 컵의 바닥처럼 긴 U자형 바닥 조정 구간을 만든다. 평균 3~6개월 조정 기간을 갖는다.
- 바닥에서 일정 기간 조정을 거친 뒤 2차 상승을 시작한다.

- 직전 최고가 부근에 몰린 매물대에 의해 곧바로 돌파에 실패한다.
- 약간의 조정을 거치며 상승하는데, 이 부분이 컵의 손잡이 부분과 비슷하게 생겼다.

컵앤핸들 패턴의 1 사이클(Cycle)은 짧게는 7주에서 길게는 65주까지 시간이 걸리는 경우가 있다. 시간이 좀 걸리는 만큼 컵앤핸들 패턴의 차트는 느긋한 여유를 가지고 매매에 임하는 것이 좋다. 또한 주기가 좀 길다 보니 일간(Daily) 차트보다는 주간(Weekly) 또는 월간(Monthly) 차트를 보며 매매하는 것이 좋다. 일간 차트에서 변동성으로는 컵앤핸들 차트의 모습이 잘 안 보일 수 있으며, 거짓 신호가 포착되어 자칫 혼동을 겪을 수 있기 때문이다.

매매 확률 상승을 위해 몇 가지 고려하면 좋을 점들이 있다.

- 1차 상승은 30% 이상인 경우가 좋다
- U자 국면에서 매수하기보다는 전고점을 돌파하지 못하고 조정기를 거칠 때 매수하는 것이 좋다.
- 조정의 깊이는 15~20% 수준이 좋고, 1차 상승분을 전부 훼손시키는 하락은 좋지 않다(절대적인 것은 아니다).

이런 조건을 갖고 매매에 임한다면 확률이 매우 올라갈 것이다.

코오롱글로벌 차트를 보면 이해할 수 있다. 컵앤핸들 차트는 전체적인 흐름을 봐야 한다. 그랬을 때 왼쪽 부근이 전고점이고 컵의 바닥을 만드는 차트를 그리다가 전고점 부근에서 조정이 일어난다. 그때가 매수 포인트다.

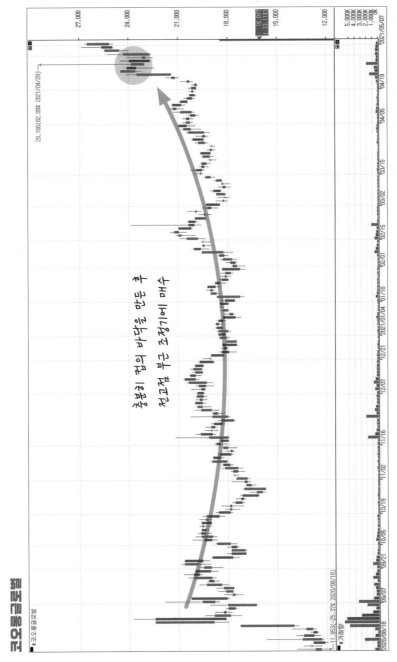

컵앤핸들 차트는 스윙 매매의 정석이다. 컵 바닥 부분(횡보 구간을 길게 다져놓고 주가가 상승할 때 보이는 눌림 구간에서 매수하는 것이 최적의 타점이다.

71 하락 3파를 기다려라

차트 매매에는 파동(Wave)이라는 개념이 자주 사용된다. 파동은 어떤 한 곳에서 에너지가 발생해 퍼져나가며 다른 영역으로 전달되는 것을 의미한다. 차트 기법에는 파동의 개념이 파생되어 만들어진 매매 기법이 상당히 많은데, 그중 유명한 이론은 엘리어트 파동이론이다.

엘리어트 파동이론은 기본적으로 패턴과 비율, 시간이라는 3가지 요인을 기반에 두고 있고, 그중 패턴을 가장 중요하게 여긴다. 주가의 변동은 상승 5파와 하락 3파로 움직이며 끝없이 순환하며 시장의 추세를 이어간다는 것이 핵심이다. 여기서 하락 3파는 상당히 적중률 높은 차트 기법이다. 특히 주식시장에 거래대금이 줄어 약세장이 지속될 때, 해당 이론을 접목하게 시키면 좋다.

매매 방식 흐름은 다음과 같다.

1페이지 주가차트

- 상승 파동을 통해 주가가 많이 부양된 상태
- 상승이 끝나고 하락추세로 전환되는 모습
- 하락추세가 진행되어 작은 반등(작은 파동)을 만드는 종목
- 작은 반등(작은 파동)이 약 3개가 만들어지는 것이 하락 3파동

이런 순서로 흐를 때 하락추세가 막바지에 도달했다고 판단할 수 있다. 큰 하락 3파동 속에서 주가는 최고점 대비 상당히 많이 하락한 상태일 것이다. 기존 투자자들이라면 이 하락세를 견디지 못해 이미 눈물의 손절매를 한 상황일 것이며, 그러므로 가벼워진 매물대를 다시 손쉽게 매집해 올리는 흐름이라고 보면 된다.

휴마시스 차트 흐름이 하락 3파 매매 기법을 접목하기에 좋은 사례로 볼 수 있다. 주가가 약 4~5개의 파동을 그리며 상승 고점을 만든 뒤 하락추세로 접어들고 있다. 2020년 9월부터 약 7개월간 지독한 하락 속 하락 3파를 보여주며 다시 주가가 상승하는 것을 볼 수 있다. 최대한 하락 3파의 파동을 기다린 뒤 매수를 한다 해도 늦지 않다. 인내심을 상당히 요하는 매매 기법이다.

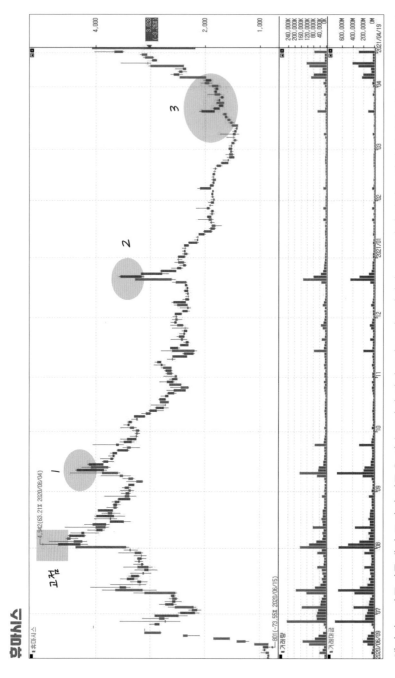

엘리어트 파동이론에서 주가의 변동은 상승 5파와 하락 3파로 이루어진다. 즉 주가의 바닥을 잡기 위해서 하락 3파까지 기다려보자. 그 뒤에 매수 타점이 온다.

1페이지 주가차트

주식회사는 코스피나 코스닥 시장에 신규로 입성하게 되는데, 이를 신규상장주라고 부른다. 기업이 투자자를 유치하고 기업가치를 끌어올리기 위해 주식을 상장시킨다. 이 과정에서 창업자는 기업공개나 기관으로부터 수요를 조사해서 수요와 공급을 적정수준을 맞춰 가격을 결정한다. 그때 결정되는 공모가격에 따라 청약을 이루어지고, 상장 날 시초가는 공모가격의 90~200% 사이에서 결정되며, 그때 회사의 시가총액이 결정된다.

필자의 경험상 상장되는 시가총액이 크면 클수록 신규상장 날 하락할 확률이 높았다. 그럴 수밖에 없는 게 시가총액은 '주식가격×주식 수'로 결정되는데, 주식 수가 특별한 이유 없으면 고정값이라고 가정하에, 주식가격이 낮은 종목들이 시가총액이 낮고 주식가격이 높은 회사들이 시가총액이 높다. 높은 가격에 상장되면 추가 상승의 가능성보다 하락분이 예상되는 것은 당연히 예측할 수 있다.

따라서 이렇게 하락을 많이 하게 되면, 주식가격도 하락하기 때문에 시가총 액이 많이 낮아진다. 필자의 경험상 시가총액이 1천억 원 미만인 종목들이 대체로 향후 상승이 나올 확률이 높았다. 1천억 원인 주가가 향후 몇 배 오르는 경우는 허다했다.

다음 2개의 종목을 통해 상장 시 시가총액이 낮았던 종목들의 주가 흐름을 살펴보자.

해성티피씨 공모가 기준 1천억 원 미만의 시가총액으로 일반적인 기준으로 비교하면 굉장히 낮은 가격대로 상장했으며, 상장 날 상한가까지 가는 모습을 보여준다. 시가총액이 낮은 만큼 적은 매수세로도 상한가를 쉽게 갈 수 있어 매매에 용이하다.

자이언트스텝 역시 AI 관련주로 미래 전망성이 좋은 종목이었고, 상장 날 기준 시총 1천억 원이라 첫날 강한 상승을 볼 수 있다. 이처럼 신규상장주의 시가총액에 따라 상승 또는 하락추세를 예측할 수 있다.

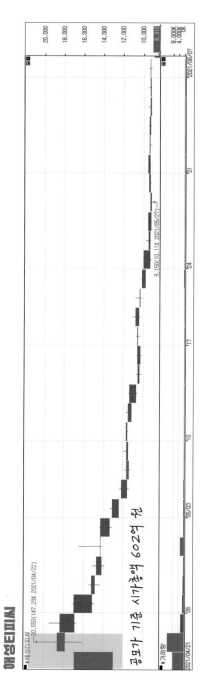

해성티피씨

공모가 기준 시가총액 602억 원

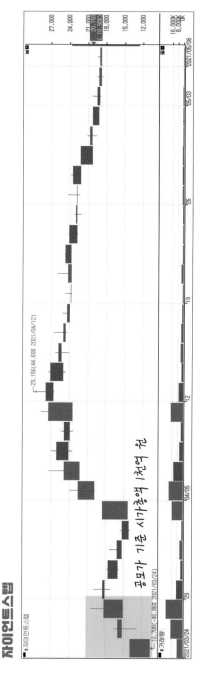

자이언트스텝

공모가 기준 시가총액 1천억 원

공모가 기준 시가총액이 얼마냐에 따라 매매하기 적절한지가 판가름 난다. 시가총액이 가벼우면 가벼울수록 좋다. 상대적으로 상승할 가능성이 크고 시가총액이 크게 되면 하락할 가능성이 커진다. 해성티피씨와 자이언트스텝은 공모가 기준 시가총액 1천억 원 혹은 그 미만의 회사들이었다. 상장 이후 주가는 상승했다.

73 안정적인 스윙주는 L자 곡선을 그린다

스윙투자의 최대 장점은 장기투자만큼 시간이 크게 소요되지 않고, 단기투자보다 위험도가 낮다는 점에 있다. 또한 시간 제약에 크게 영향받지 않는다. 요즘은 모든 증권사가 예약매수·매도 기능이 잘 되어 있어서 특정 가격에 오면 매수하고, 특정 가격까지 오르면 매도하면 되기 때문이다. 이런 특징 덕분에 스윙투자는 직장인에게 적합하다고 생각한다.

하지만 장 중에 대응이 느리므로 최대한 안정적인 스윙 매매를 하는 것이 중요하다. 이번에는 안정적인 스윙주가 어떤 모습을 가졌는지 소개해보겠다.

좋은 스윙주, 안정적인 스윙주는 고점에 위치하던 주가가 악재 없이 많이 하락한 이후에 횡보를 이어가는 L자 곡선을 보여준다. L자 곡선의 스윙주가 나올 수 있는 조건은 다음과 같다. 다음 조건 중 하나라도 충족되면 L자 곡선의 스윙 종목이 나올 수 있다.

- 시장이 매우 안 좋은 상황
- 상승했던 이슈가 모두 소멸해 주가가 하락한 형태
- 재무적으로 부실해져서 주당 가치가 훼손된 경우

셋 중에 1~2번에 해당할 때 L자 스윙 매매를 적용할 수 있다. 주당 가치가 훼손되었다면 매도 투자심리가 강해져서 더 큰 하락을 일으킬 수 있음을 기억하자. 재무적으로 부실한 종목은 스윙할 때 우선으로 걸러줘야 한다.

대성창투의 예시를 통해 L자 곡선 매매에 대해 배워보자. 5천~6천 원대의 주가가 2천~3천 원대까지 수직 하강을 하고, 2021년 7월부터 2022년 6월까지 L자의 수평 부분처럼 횡보하고 있다. 그 뒤에 급등함을 볼 수 있다.

L의 수직 부분은 짧고, 횡보 구간은 길면 길수록 좋다. 주가가 충분히 바닥권에서 횡보해준다는 것은 결국 수렴을 충분히 해주는 것이고, 그래야 발산이 확실하게 일어난다. 차트의 하단에서 수렴해준다면 위로 상방 발산을 할 가능성이 크다.

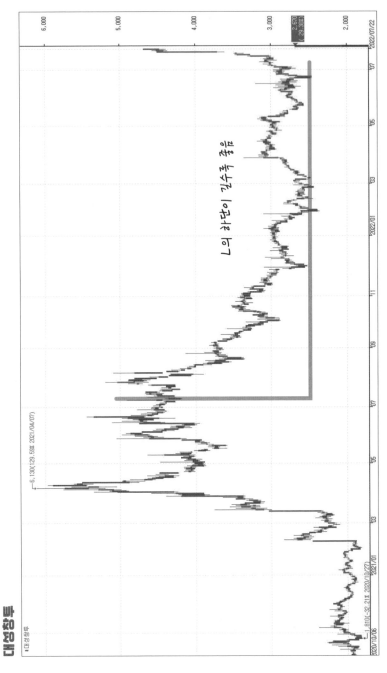

스윙하기에 좋은 차트는 대문자 ㄴ의 모양을 나타낸다. 특히 ㄴ의 세로 부분보다 가로 부분이 길면 길수록 매매하기에 안정적이

다. 횡보 구간이 길면 길수록 세력이 주식을 매집하는 시간과 주식 매집량이 늘어나기 때문이다.

74 큰 산 뒤에 작은 산이 있기 마련이다

잔잔한 물결의 호수에 큰 돌멩이를 던졌을 때, 우리는 큰 출렁임과 파문들이 발생함을 볼 수 있을 것이다. 고점과 저점을 갱신하며 커브 곡선을 만들어가는 과정을 파동이라 하며, 주식시장에서도 파동 개념의 쓰임새는 셀 수 없이 많다. 특히 차트 매매자라면 무조건 알고 있어야 한다. 여기에서 말하고자 하는 바는 호수의 일렁이는 파문과 같이 크게 발생한 파동은 또 다른 파동을 만들 수 있다는 점이다.

많은 유동성과 높은 상승률이 발생하게 되는 차트가 파동의 시작이다. 이렇게 1차로 파동이 발생한 이후에는 약 3개월~1년 이내로 2차 파동이 발생할 가능성이 매우 크다. 2차 파동의 크기는 1차 파동보다 작은 경우가 대부분이다. 이를 되돌림 파동이라고 이야기하거나 마무리 파동이라고 이야기하기도 한다.

매수는 파동 구간에서 매수하는 게 아니라, 파동과 파동 사이의 휴식 구간에서 조금씩 분할 매수해나가는 것이다.

한네트를 보면 1차 파동(큰 산)이 발생한 이후 약 7개월 이후 2차 파동(작은 산)이 발생함을 알 수 있다. 다만 보다시피 1차 파동 이후 주가가 거의 절반 가까이 하락한 상황이 존재했다. 따라서 1차 파동 이후 냉큼 하락 구간에 주식을 매수하는 것이 아닌 충분히 하락하고 이동평균선의 밀집과 횡보 구간을 보여주고 나서 매집하는 것을 선호한다. 어차피 횡보 구간은 생각보다 충분하니 천천히 매수해나가는 것을 추천한다.

비덴트를 봐도 1차 파동 이후에 약 1년 반이 지나고 나서야 2차 파동이 발생한 것을 볼 수 있다. 만약 섣부르게 매수부터 진행했으면 끔찍한 하락기를 겪었어야 했다. 여기서도 포인트는 충분히 하락을 멈추고 이동평균선이 정배열로 자리 잡는 순간에 매수해야 한다는 점이다. 충분한 인내가 필요하다.

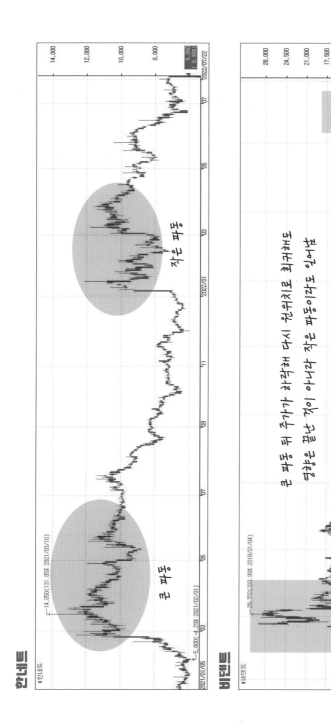

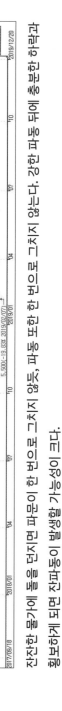

잔잔한 물가에 돌을 던지면 파문이 한 번으로 그치지 않듯, 파동 또한 한 번으로 그치지 않는다. 강한 파동 뒤에 좋은 하락과 횡보하게 되면 잔파동이 발생할 가능성이 크다.

75 피 말리는 원형 천장형 차트 흐름

원형 천장형 패턴은 대표적으로 추세를 반전시키는 패턴형에 속한다. 이외 반전 패턴의 종류로는 높은 주가에서 거래량 터진 음봉, 쌍봉형 패턴 등이 있다.

원형 천장형 패턴의 주요 특징은 단 하나의 캔들이 고점을 만드는 것이 아니라, 수일간 생성된 여러 개의 봉(캔들)이 고점의 모습을 천장처럼 만들며 거래량이 줄어든다는 특징이 있다. 즉 다른 패턴들과 다르게 최고점에서 머무는 시간이 꽤 긴 편이다. 고점에서 머무는 시간이 길어지면 길어질수록 추세가 하락할 가능성이 크다고 보면 된다. 더 이상 오르지 못하는 가격에 대한 실망 매물이 많이 쌓아졌기 때문이라고 해석할 수 있다.

늘 그런 것은 아니다. 추세가 반전되지 않고 재차 상승 흐름을 이어갈 수 있으나 확률적으로 상당히 낮다. 고점에서 수일간 횡보하는 덕에 개인 투자자들

원형 천장형 패턴

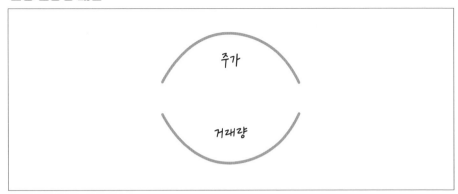

도 섣부르게 손절 결정을 하지 못하고 서서히 손실을 크게 만드는 패턴이다. 급락이라도 나타나면 손절이라도 감행할 텐데, 느리게 움직이는 흐름 때문에 희망의 끈을 놓지 못하며 버티다 처참해지는 수익률을 경험하게 만들기 때문이다. 야금야금 고문당하는 것과 같다.

원형 천장형 패턴은 그림에서 보다시피 주가가 서서히 올라갈 때는 거래량이 확 줄어들면서, 주가가 하락하면서 거래량이 늘어감을 볼 수 있다. 주가가 하락하면서 거래량이 많다는 건 하락추세의 대표적인 모습이다.

와이지엔터테이먼트 차트를 보면서 원형 천장형 패턴을 공부해보자. 계속해서 올라갈 것 같은 느낌으로 동그란 타원을 그리다가 서서히 하락하며 급락도 동반하더니 순식간에 주가가 30~40%가량 빠진다. 이러한 패턴의 대응책으로는 해당 패턴을 예측하고 초기 진입을 하지 않는 점과 정량적인 손절가를 잡아두어 더 큰 피해를 미리 방지하는 방법이다.

와이지엔터테인먼트

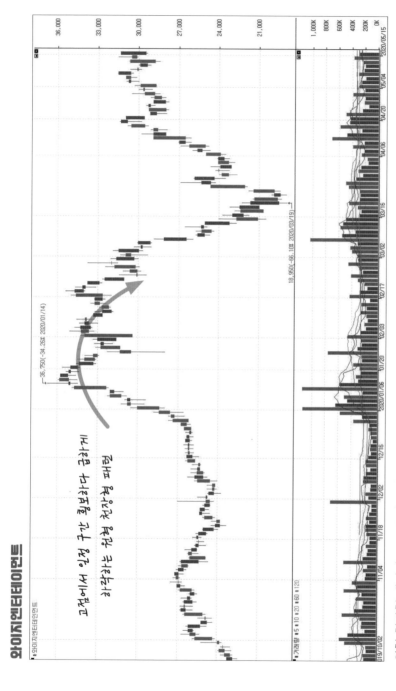

원형 천장형 패턴의 주요 특징은 단 하나의 캔들이 고점을 만드는 것이 아니라, 수일간 생성된 여러 개의 봉(캔들)이 고점의 머
슴을 천장처럼 만들며, 거래량이 줄어든다는 특징이 있다. 그 뒤에 하락 가능성이 매우 크다.

1페이지 주가차트

76 원형 바닥형 모습은 주요 기회 신호다

앞서 언급한 원형 천장형 패턴은 개인 투자자를 지치고 피 말리게 하는 유형이다. 하지만 이와 반전되는 모습으로 원형 바닥형 차트는 좋은 매수의 기회가 될 수 있다.

원형 바닥형 차트는 원형 바닥처럼 차트의 흐름이 그려진다. 그러다 보니 대체로 낮은 가격대의 수일간 형성된 봉(캔들)들이 바닥이 평평한 그릇의 바닥 모양처럼 진행되다가 서서히 저점을 높여가며 상승추세로 접어들며 거래량도 같이 증가하는 특징을 지니고 있다. 단점은 시간 소요가 꽤 된다는 점이다. 저점에서 머무르는 시간이 비교적 길고, 시세 차익을 보기까지도 시간이 걸림을 알 수 있다.

하지만 이렇게 오래 걸리는 시간을 보완할 방법이 있긴 하다. 어느 정도 바닥 부분이 형성되고 나서 이동평균선상 정배열 및 거래량이 좀 생길 때 따라붙

원형 바닥형 패턴

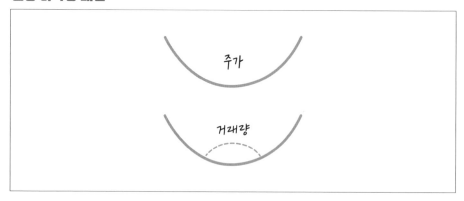

는 것이다. 원형 바닥형 차트는 바닥 양 끝에서 거래량이 발생한다. 그 부분에서 매수하면 안 되고, 매수 구간은 그릇의 바닥 부분인 거래량이 소멸된 구간이다. 즉 주가가 바닥 부분을 잘 만들어가며 거래량이 줄어드는지를 잘 확인해야 한다.

피씨엘의 경우 2020년 6월부터 서서히 그릇의 바닥 면을 만들어간다. 약 두 달 가까이 차트를 만든 뒤, 7월 말부터 주가가 상승 및 이동평균선 정배열과 거래량이 증가함을 확인할 수 있다. 매수 투입 시점은 이때부터 가능한 것이다. 미리 진입해 시간 낭비하지 말고 확인을 제대로 한 뒤에 진입하는 것을 추천한다.

조금 늦게 매수 진입하더라도 충분히 시간을 갖고 흐름을 봐야 하는 이유는 신원 차트에 있다. 원형 바닥형 차트의 바닥이라 생각하고 진입했을 경우 약 1년 정도 크게 재미를 보지 못하고 주식만 들고 있을 수 있다.

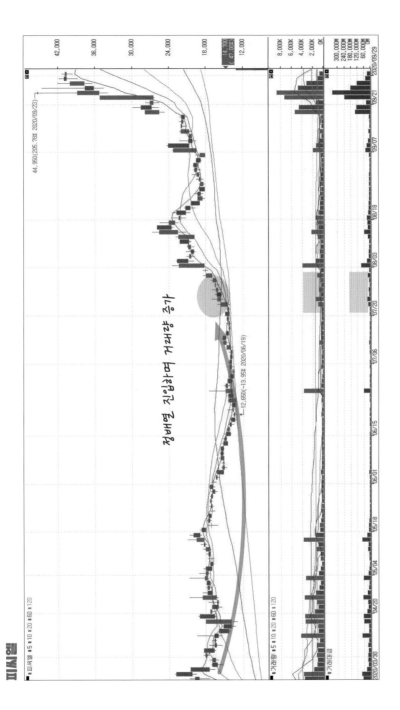

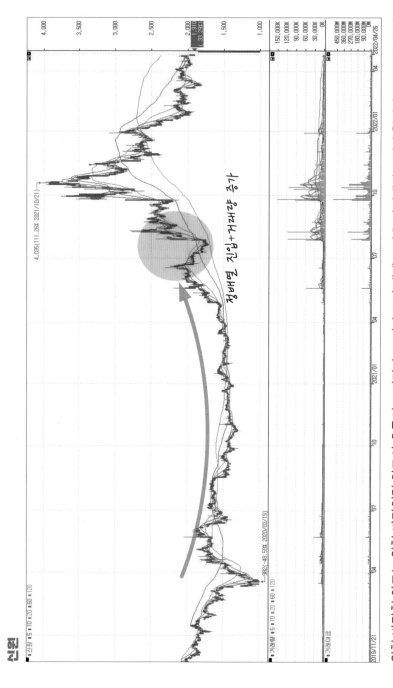

원형 바닥형 차트는 원형 바닥처럼 차트의 흐름이 그려진다. 그러다 보니 대체로 낮은 가격대의 수일간 형성된 형성된 봉(캔들)들이 바닥이 평평한 그릇의 바닥 모양처럼 진행되다 거래량 증가와 함께 상승하게 된다.

77 삼각수렴하는 차트는 추가 상승의 신호다

삼각수렴하는 차트는 추가 상승의 신호탄이나 다름없다. 주가가 상승 추세에 있을 때, 저점을 서서히 올려가는 구간이 존재한다. 저점을 서서히 올려가며 고점도 서서히 좁혀가는데, 이렇게 수렴하는 모습을 보여줄 때 삼각형과 같다고 해 '삼각수렴'이라고 한다.

저점을 서서히 올려가는 게 차트 기법에서 매우 중요한 역할을 하는데, 이는 더 이상 매도하는 힘보다 매수하려는 투자자들의 의지가 더 반영된다는 것을 알 수 있다. 그래서 저점을 올려가는 모습은 무조건으로 좋게 본다. 또한 고점이 서서히 좁혀가면서, 주가 관리도 잘 되고 있음을 볼 수 있다. 따라서 상승 추세에서 삼각수렴하게 되면 주가는 분출하며 오를 수 있다.

여기서 중요한 건 고점 추세의 모습보다는 저점 추세의 방향성이다. 만약 캔들의 저점이 서서히 하락추세를 진행한다면, 반대로 하락추세의 신호탄이 될 수 있으니 주의해야 한다.

KB금융은 시가총액이 높은 대형 금융주다. 시가총액이 높은 대형주의 장점은 움직임을 서서히 잘 만들어간다는 것이다. 차트에서 보이듯 상승추세가 진행되었다면 상승 삼각수렴 모양을 만들어가는지 눈여겨보자. 붉은 선으로 표시한 것처럼 고점이 서서히 좁아지고 저점이 서서히 올라가며 주가가 수렴하는데, 그러고 나서 네모 구간처럼 주가가 폭발적으로 상승할 가능성이 크다. 이때 거래량 및 거래대금은 크게 상관이 없다. 주가가 상승추세 속의 종목인지와 차트의 수렴 여부가 훨씬 중요하다.

금호전기 차트처럼 하락추세 속 하락 삼각수렴의 모습이 출현했다면, 이는 낙폭이 예상되는 무서운 차트 신호다. 이미 낙폭이 나오고 난 뒤에 손절매하면 늦으므로, 그 이전에 미리 손절매함으로써 리스크 관리를 해야 한다.

1페이지 주가차트

KB금융

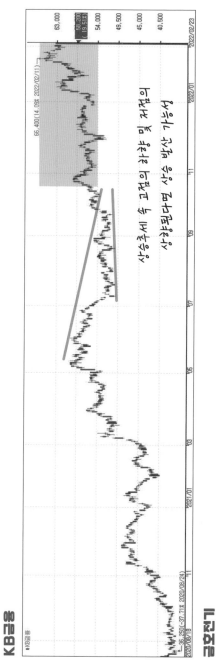

금호건기

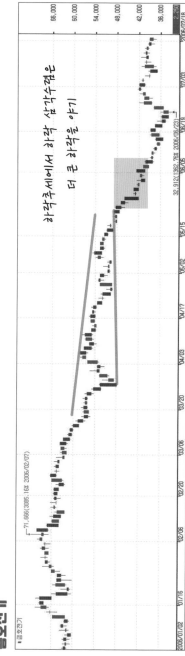

상승추세 속에서 고점이 내려가고 저점이 올라가는 삼각수렴 모습이 나타나는 추가 상승할 가능성이 크다. 만약 하락추세에 갈은 모습이 나타나면 하락 가능성이 크다.

단타는 아주 짧은 시간에 매수 또는 매도를 행하는 투자 방식이다. 전업 트레이더는 대부분 단타를 한다. 최대 장점은 회전율이 높다 보니 투자금 대비 수익률이 높다는 것이다. 다만 그만큼 손실에 대한 위험도도 높아 제대로 배워야 한다. 이번 기회에 추세를 이용한 돌파 매매와 '갓성비' 단타 매매인 종가 베팅을 배워보자.

CHAPTER 9

회전율을 이용한 수익 극대화, 단타 매매법

78 이동평균선을 돌파하는 종목을 잡아내자

주식의 꽃은 단연 단타 매매다. 1년 금리가 2~3%인 저금리 시대에 불과 10~20분 안에 같은 수익률을 낼 수 있다는 매력적인 부분이 있기 때문이다. 다만 그만큼 위험하고 정확한 타이밍을 노려야 한다. 단타는 타이밍 싸움이다. 이번에 설명하고자 하는 것은 돌파 매매 기법이다.

돌파 매매 기법은 말 그대로 결국 '특정' 저항대를 돌파하면서 상승하는 패턴을 익혀 수익을 내는 것이 목적이다. 또한 돌파라는 단어가 연상하는 이미지에 따라 해당 종목의 주가는 고가에 위치할 가능성이 크다. 따라서 손절이라는 안전핀이 구비되어 있지 않다면 역사상 신고가의 주식을 보유할 수도 있다. 다만 극단적인 수익률을 올리는 측면에서는 돌파 매매만 한 것이 없으므로 잘 배워보자.

주가는 상승과 하락을 반복하며 추세를 형성한다. 주가는 특별한 이슈가 없다면 박스권을 형성하고 있다. 박스권은 매수와 매도의 힘이 균형을 이루어 상승도, 하락도 아닌 횡보하고 있는 상태를 의미한다. 이러한 박스권에 거래량이 대거 발생하면서 이동평균선 5일선을 강하게 넘어준다. 그리고 나서 음봉이 발생하면서 주가가 하락하는 조정기를 거친다. 그리고 이동평균선 5일선 밑으로 하락한다.

다시 한번 거래량이 증가하면서 5일선을 돌파해줄 때가 매수 포인트다. 여기서 매매 팁은 확실하게 5일선을 돌파하고 나서 진입해야 한다는 점이다. 5일선 돌파를 지레짐작으로 추측해 섣부르게 매매했을 때는 손절 확률이 높아지므로 주의하자.

다스코의 주가는 4,700~5,100원 사이에서 몇 달간 작은 상승과 하락의 횡보 구간을 보여주다가, 거래량을 발생시키며 5일선 위로 주가가 상승한다. 그러고 나서 주가가 조정기를 갖고 나서 다시 5일선을 돌파해주는 동그라미 표시야말로 매수 타점 구간이다.

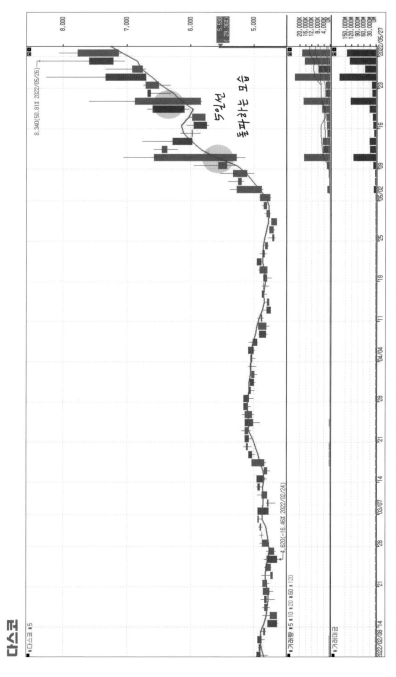

상승추세 종목을 선정한다. 상승추세, 상승추세 과정에서 5일선 밑으로 주가가 빠져 있던 종목이 거래량과 함께 5일선을 돌파해 주가가 상승한다면 강한 추가 상승 가능성이 있다. 5일선 완벽하게 돌파하고 나서 진입해도 늦지 않는다.

79 52주 신고가 매매법

52주 신고가는 말 그대로 52주 내 가장 높았을 때의 주가를 의미한다. 상승 근거나 배경 없이 신고가를 달성하는 경우는 거의 없다. 상승 이유나 강한 테마가 뉴스나 전자공시로서 발생하고 그에 이끌려 매수세가 폭발적으로 증가해 상승하는 경우가 대다수다.

하지만 이런 신고가 탄생의 배경은 그렇게 중요하지 않다. 공부 목적으로 참고 정도만 하면 된다. 신고가가 나타내는 이미지 자체는 저점에서 매수한 기존 보유자들을 제외하고는 안 좋은 게 사실이다. 보통 신고가 이후에 어떤 흐름을 나타내는지를 관찰해보면 흥미로운 사실을 발견하게 된다. 신고가 이후에는 보통 주가가 더 상승하는 경우가 많다는 점이다.

단기적으로 1~3% 수준일 수도 있고 혹은 10% 이상의 큰 상승을 보여주기도 하지만, 중요한 점은 '더' 상승할 가능성이 크다는 것이다. 이러한 가능성의

                                        1페이지 주가차트

근거는 매물대의 존재 여부다. 기존에 높은 가격대에 매수해 손실을 보고 있는 사람들을 매물대로 이야기하는데, 주가가 올라오면 당연히 매도하고 싶다는 생각이 드는 건 당연하므로, 강한 저항대 역할을 한다. 하지만 신고가에는 높이 매수해서 물려 있는 구간인 매물대가 없거나 희박하므로 저항대가 거의 없다고 봐도 된다. 따라서 이미 고점일지언정, 더욱더 상승할 가능성을 보는 것이다.

매매 방법의 패턴은 52주 신고가 종목을 검색, 10일선 근방까지 눌릴 때쯤에 매수, N(1~3)% 수익에 매도이며 손절 라인은 이동평균선 10일선 이탈 여부를 기준으로 잡는다.

삼천리 주가는 2022년 초부터 지속해서 상승해 2022년 5월 52주 신고가를 달성한다. 그런 다음 음봉 눌림이 10일선 근방까지 눌린 뒤, 다시 반등이 일어남을 알 수 있다. TYM 역시 52주 신고가 눌림 형성 후, 10일선 부근까지 눌렸을 때 매수에 참여해 수익을 실현한다.

삼천리

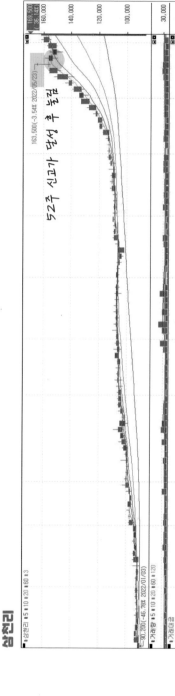

TYM

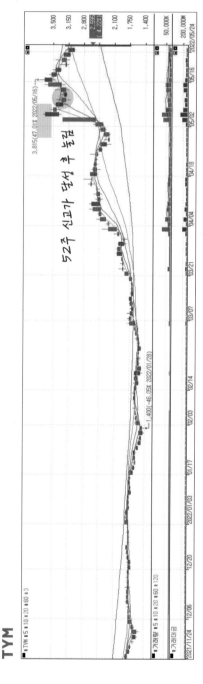

52주 신고가 종목은 엄청난 매수세로 발생하는 종목이다. 이러한 상승추세의 종목을 적절하게 10일선 눌림 매매하면 단기에 큰 기대수익을 얻을 수 있다.

1페이지 주가차트

80 돌파하려는 세력의 의지를 포착하자

돌파하는 차트는 개인의 매수세로는 불가능에 가깝다. 주식시장에는 '세력'이란 존재들이 있는데, 강한 자금을 보유해 주가를 통제하는 자들이다. 이런 세력들은 주가를 급등시키는데, 이때 돌파하는 차트가 발생한다. 그런데 세력들이 돌파하기 이전에 주는 특징이 있다. 이런 특징들을 사전에 잘 포착하면 돌파 매매임에도 불구하고 안전하게 매매할 수 있다.

'돌파할 것 같은' 차트는 앞서 소개한 기법들과는 다른 패턴이다. 앞에 설명한 매매 기법은 돌파를 확실하게 하고 난 뒤에 진입한다고 하면, 이번에 소개할 기법은 돌파 초입 혹은 그 이전에 매수하는 기법이다 보니 가장 기대수익률이 높다고 할 수 있다. 또한 매수가도 상대적으로 저점이니 고점에 매수할 리스크는 확실히 줄어든다.

반대로 저항대를 돌파하지 못했을 때 실망 매물이 나와 큰 하락 음봉빔을 맞을 수 있으므로 대비해야 한다. 돌파할 것으로 예측했는데 반대되는 결과가 나왔을 때, 실망 매물이 나올 수 있으므로 주의하자. 투자자들이 돌파할 것으로 추측했는데, 예상과 다르게 하락해 실망하며 매도한다 해서 실망 매물이라 표현한다. 차트 모양의 공통적인 부분이 있는데 가장 주요한 특징은 다음과 같다.

① 6개월 이내 특정 저항대를 넘지 못한 채, 눌림을 주는 윗꼬리 양봉이 여럿 보일 때
② 이동평균선 배열 형태는 정배열 혹은 혼조세(역배열 ×)
③ 거래량 및 거래대금이 과거 대비 폭발적으로 증가할 때

특히 제일 중요한 건 1번 특징이다. 저항대를 돌파해 더 높은 주가로 가기 위해 도전하는 신호로 본다. 이때 주식 수를 늘려나가는 것이다.

그린케미칼 주가가 8천 원 부근에서 여러 개의 윗꼬리 달린 양봉을 관찰할 수 있으며, 이에 거래량도 서서히 증가한다. 그리고 큰 양봉이 나오며 돌파한다. 보다시피 고점에서 매수하는 리스크도 줄어들고, 기대수익률도 높아지는 특징이 있다.

1페이지 주가차트

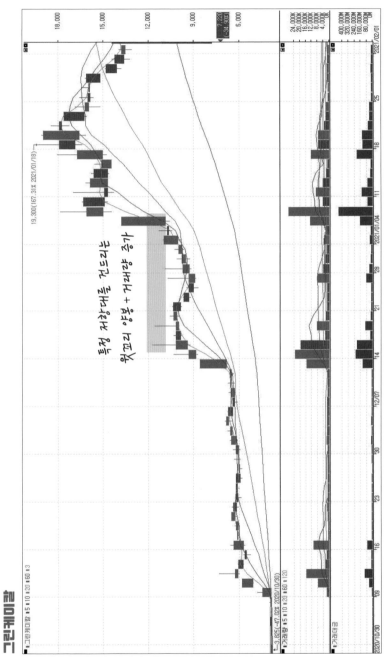

돌파하고 나서 매매하는 것은 이미 주가가 오를 대로 오른 뒤라 위험할 수 있다. 윗꼬리 양봉에 거래량이 증가하는 모습을 보여준다면 돌파 전 신호일 수 있다.

윗꼬리 양봉 + 거래량 증가

특정 저항대를 건드리는

81 고점에서 놀더라도 5일선 위에서 놀아라

단타 매매는 풍부한 자금 유동성 안에서 매매하는 것이 보통이다. 유동성이라는 것은 주식시장에서 주목을 많이 받을수록 증가하는 것이다. 호재가 발생해 주가가 상승할 때 유동성이 많아지고 악재가 발생해 주가가 하락할 때도 마찬가지다. 그러다 보니 상승이나 하락을 많이 하는 종목들 위주로 단타 매매한다.

여기에서 이야기할 매매는 상승추세 속에서의 단타 매매다. 보통 상승추세는 고점이다. 고점은 급락에 대한 우려와 공포로 많이 작용해 투자자 대부분 고점에서 매매하는 것을 지레 두려워하며 기피하곤 한다. 상승추세 속 단타 매매의 리스크는 급락하는 것이다. 하지만 확실한 기준만 존재한다면 이 리스크를 최소화할 수 있어, 그 방법을 소개하려 한다.

조합은 거래량과 양봉, 5일선만을 이용해 만든 단순한 매매법이며 기법의 신뢰도가 매우 높다. 이동평균선상 정배열을 가진 상승추세의 종목에서 거래량과 거래대금을 수반한 양봉이 5일선을 돌파할 때가 매수 포인트다. 사막에서 나침반을 쓰듯, 단기 매매자들에겐 5일선이 나침반과 같은 역할이다. 그래서 거래량이 발생하는 양봉이 5일선을 돌파할 때, 기존 단기 투자자들의 매수 참여도가 더욱 높아져 더 큰 상승을 이끌어낸다.

퍼스텍의 차트가 좋은 예시다. 2021년 말부터 거래량과 함께 상승추세 국면에 접어들었으며, 중간마다 적당한 조정기를 거치다가 거래량을 수반하며 5일선을 돌파해주는 부분이 매수 포인트다. 그 이후에 큰 상승을 이어나가는 것을 볼 수 있다.

이렇게 달리는 말에 올라타는 매매를 했을 때 장점은 '어디까지가 바닥일까?' 하며 계속해서 음봉에 매수하는 것보다 심적으로 안정감을 가질 수 있다는 것이다. 조금 더 안정적으로 매매를 운용하려면 완전히 5일선을 돌파하는 모습을 보고 진입하도록 하자. 섣부르게 일찍 진입했다가는 오히려 5일선을 돌파하지 못하고 과하게 하락하는 모습에 손실을 볼 수도 있다.

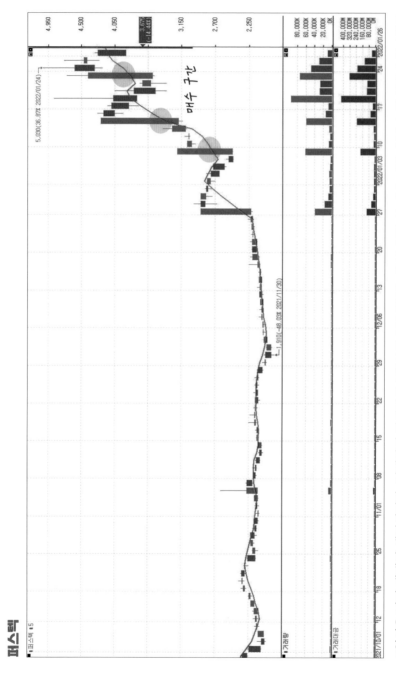

5일선은 단기 매매의 생명선이다. 거래량이 발생하며 5일선을 돌파해주는 양봉 포착 시 매수 기회가 된다. 확실하게 돌파해주는 모습을 보고 접근하자.

1페이지 주가차트

82 분봉상의 거래량을 확인하는 것이 중요하다

주식, 선물에서 아주 짧은 시간 안에 매매가 이뤄지는 것을 스캘핑(Scalping)이라고 한다. 단타 매매 중에서도 기간이 매우 짧게 이뤄지는 편이며, 전업 트레이더 대부분이 사용하는 매매 방식이다. 짧은 시간 내에 수익을 볼 수 있다는 엄청난 장점이 있다.

짧게 짧게 매매하기 때문에 분봉상 제일 짧은 시간인 1분봉의 캔들을 보며 매매하는 게 특징이다. 물론 회사의 주당 가격이 다 다른 터라 일괄적으로 적용하기에는 어려움이 있겠지만 최소 50만~60만 주 이상 거래량이 분봉상 발생한다면 좋은 신호로 본다. 물론 음봉(하락추세)이 아닌 양봉(상승추세)에서의 거래량이어야 하며, 50만~60만 주 이상의 거래량일 때는 초단기적으로는 우상향할 가능성이 매우 크다. 이 부분을 적용해 스캘핑 매매에 참여하는 것이다.

거래량의 발생에 따른 종목선정은 매우 중요하다. 코스닥과 코스피 전 종목을 찾아보아도 하루에 1분봉상 50만 주 이상 발생하는 종목은 손에 꼽기 때문이다. 단타 매매용 종목을 압축해주는 검색식으로서 활용도가 높다. 이 부분은 사실 당연할 수도 있는 것이 50만 주 이상의 거래량이 발생하려면 호재 뉴스가 발표되거나 좋은 테마군에 끼어 상승하지 않고서는 불가능하다.

따라서 호재가 발생 후 50만 주 이상 거래량이 1분 안에 발생한다고 가정했을 때, 좋은 뉴스나 테마는 단 한 번의 상승으로 멈추는 경우보다 더 상승하곤 하니 매매에 활용하는 것이다.

GS글로벌은 전기차 테마군으로 상승한 종목이다. 차트를 보면 동그라미 표시처럼 1분봉상 거래량이 100만 주를 훨씬 뛰어넘는 200만 주 수준이다. 그리고 추가로 5% 이상 상승한 것도 확인할 수 있다. 마찬가지로 우리기술도 원전 테마 관련주로, 1분 만에 200만 주 이상의 거래량과 5% 이상 상승을 이루어냈다. 동그라미 부분에서 매수하고 그 이후의 우상향이 지속됨도 확인된다.

다른 기법들은 속임수가 가능할지 몰라도, 거래량만큼은 투명하게 거래된 양을 보여주므로 신뢰도가 높다.

분봉상 거래량이 많이 터지며 발생한 양봉은 주가 상승 여력이 있다. 주당 가격에 따라 기준은 변동되어야겠지만, 1만 원 미만의 주식에 대해 최소 분봉상 거래량이 50만 주 이상 터지는 것이 좋다. GS글로벌과 우리기술의 에시를 통해 거래량이 대거 발생한 분봉의 모습을 볼 수 있다.

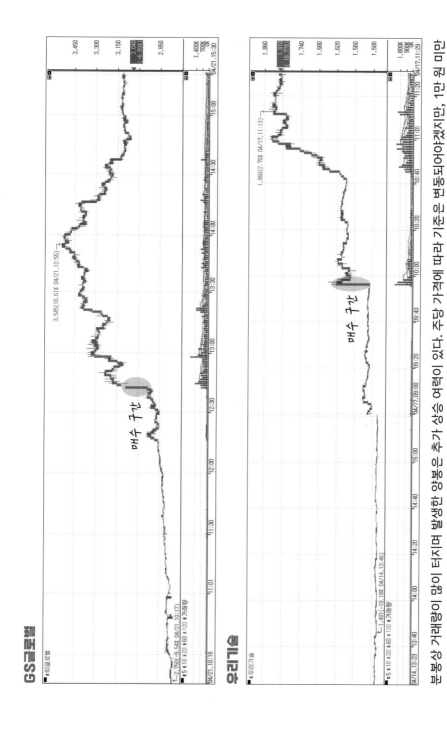

GS글로벌

우리기술

83 상한가 따라잡기 매매

주식시장에서 하루에 제일 많이 상승할 수 있는 범위는 30%다. 과거에는 상한가가 +15%, 하한가가 -15%였으나, 현재는 많이 완화되어 +30%가 상한가, -30%가 하한가가 되었다. 상한가가 매력적인 이유는 당일 상승률도 있겠지만, 익일 시초가가 형성되는 가격이 10% 이상 높여 시작하는 일도 많으므로 잘 운용하면 2거래일 만에 30% 이상 수익률을 얻을 수도 발생할 수 있다.

엄청난 호재가 발생해야 상한가가 발생한다. 하지만 실제 매매하다 보면 뉴스가 뜨자마자 이미 폭발적으로 상승하고 있어 선취매하기에 어려운 부분이 있다. 따라서 이 상한가 따라잡기 매매 방식은 저점에서 잡는 것이 아니라, 이미 상한가 부근까지 도달했던 종목이 눌림을 주고 특정 부근을 지지할 때 매수하는 방식으로 한다.

서원 회사의 주가 차트를 보며 기법을 적용해보자. 먼저 일봉 차트를 보면 강한 호재가 발생해 주가가 동그라미 부근인 상한가(+30%)에 도달한다. 그리고 분봉 차트를 보면 10분도 채 되지 않아 상한가에 도달했음을 알 수 있고, 그 이후 음봉이 발생하면서 네모 구간을 지지해주는 것도 확인된다. 상한가 근방까지 갔었던 종목은 재차 상한가에 도달할 가능성이 매우 크다는 것이 이 기법의 포인트다.

위기감 조성 혹은 매집을 더 하기 위해서의 이유인지는 몰라도 세력이 네모 구간처럼 주가를 떨어뜨려 주식 매집을 더 한 뒤에 주가를 상승시켜 다시 상한가까지 도달시킴을 볼 수 있다.

신라젠의 경우도 좋은 예시다. 상한가가 아닌 상승률 26% 부근(동그라미)까지 도달한다. 그리고 네모 구간처럼 지지해준다. 다시 올리는 듯하더니 재차 눌려, 주가는 고점 대비 10% 이상 빠지게 된다. 즉 초반에 급등 시 상한가를 찍고 오느냐 아니냐의 차이가 크다.

조금 늦게 진입을 해도 좋으니 상한가에 꼭 도달하느냐 아니냐를 확인해보고 매수 포지션을 들어가도록 하자.

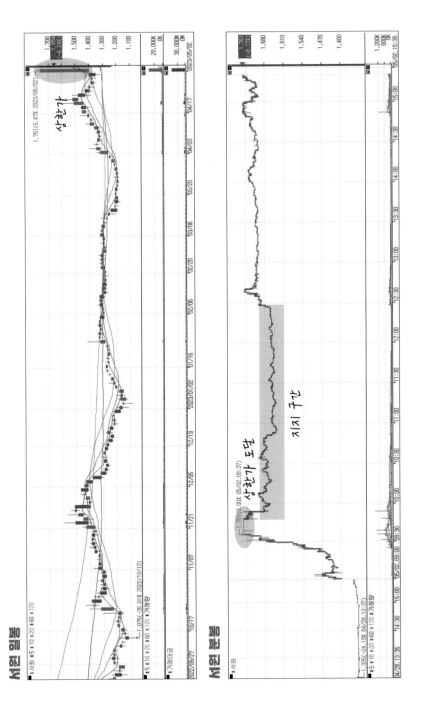

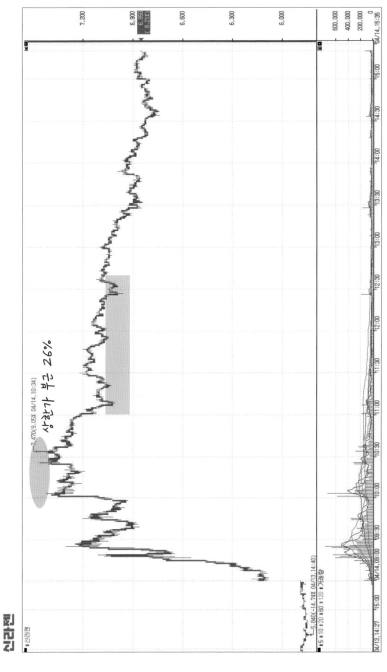

상한가에서 주가가 떨어질 때 악재가 발생한 것이 아니라면 재차 상승을 위한 발돋움으로 해석한다. 상한가에 갈 만한 규모의 재료인지를 파악하는 능력을 기르는 것이 중요하다.

84 5분봉 단타 기법

당일 단타 매매를 할 때 5분봉과 파동을 이용하면 꽤 괜찮은 수익률을 올릴 수 있는 기법이 있다. 5분봉을 사용하는 이유는 1분봉보다 안정성이 있고, 10분봉은 단타로 활용하기에는 좀 느린 감이 있다. 리스크를 줄이고 회전율을 높이는 데는 5분봉이 적합하다.

주식은 상승과 하락의 파동으로 이루어진다. 가벼운 상승과 하락으로 작은 파동을 그리던 특정 종목이 갑자기 5분봉으로 5% 이상 상승한 종목이라면 주목해야 한다. 투자 포인트는 거래량 및 거래대금의 발생, 호재 여부도 체크해보면 신뢰도가 상승한다.

이렇게 5% 이상 오른 5분봉은 매매의 기준봉이 된다. 5% 이상 상승 구간을 잡을 때, 5분봉 캔들에서 윗꼬리와 아랫꼬리를 제외하고 시가와 종가로 기준을 잡는다. 5% 이상 상승한 양봉 캔들을 기준으로 잡는 이유는 시가에서 종가까지 5% 이상 상승시킬 자금의 유입이라면 세력이 들어왔을 가능성이 크기 때문이다.

하지만 단순히 시가가 5% 상승해 갭 떠서 상승한 상황이라면, 하락 가능성이 크므로 시가에서 종가까지 구간을 기준으로 잡는 것이다. 시가부터 종가까지의 주가를 상승시킨 세력의 매수 평단가를 기준봉의 절반 지점으로 예측하고 해당 구간을 매수 지점으로 정한다. 따라서 매수 패턴은 기준봉 양봉 캔들의 출현 이후 음봉 부분이 기준봉 절반까지 내려올 때 매수에 참여하는 구간이다. 칼같이 손절을 잡지 말고, 대충 그 부근에서 반등이 일어난다는 생각으로 분할 매수에 참여한다.

단타는 길게 먹는 매매가 아니다. 짧은 기간에 짧은 수익률을 추구하는 회전율에 포커스된 매매다. 따라서 1~3% 이내에서 수익을 실현하도록 하자.

유니온머티리얼의 5분봉상 주가가 6%로 급등한 모습을 볼 수 있다. 그다음 음봉에서 양봉의 절반을 훼손시키지 않는 범위에서 눌림음봉을 주는데, 그 부분이 바로 매수 구간이다. 그 뒤에 주가가 지속 상승함을 볼 수 있다. 현대무벡스도 마찬가지로 기준봉 발생 이후 절반을 훼손시키지 않은 음봉을 매수 구간으로 볼 수 있고, 그 뒤에 주가가 상승함을 볼 수 있다.

유니온머티리얼

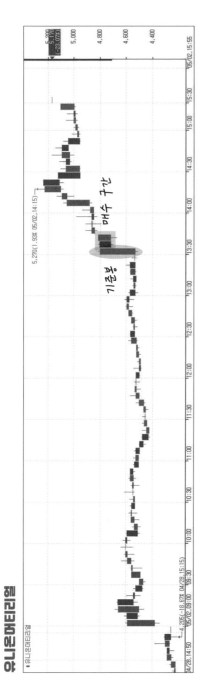

현대모비스

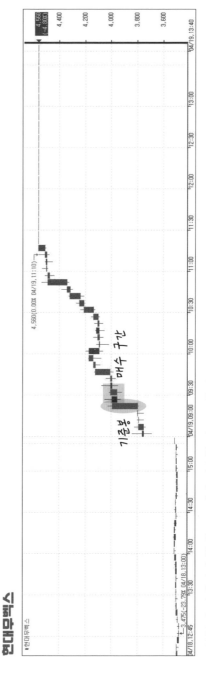

5분 봉상 거래량과 함께 5% 이상 상승한 기준봉 출현 종목을 주목해야 한다. 그 뒤에 잠시 음봉이 나올 때가 매수 타점이다. 기준봉의 출현은 주가 급등이 이어지는 사례가 많다.

312 ——

85 5분봉과 XYZ 패턴 매매

앞서 배운 ABC 패턴과는 다르게 XYZ 패턴은 상승추세 속 종목에서 매매한다. 차트 화면 설정을 5분봉으로 해두고 보자.

처음에 강한 매수세로 시초에 가격을 들어 올려 X에서 Y로 단번에 급상승하는 모습을 보여준다. 주가를 상승시키는 조직, '세력'들의 돈이 유입되는 구간으로 본다. 이때 초보자들은 매수하고 싶어 한다. 추가로 상승할 것 같다는 심리 때문이다.

하지만 급등 구간인 X-Y 구간에서 매매하면 안 된다. 이렇게 급등하는 구간에서 바로 매수하게 되면 손절을 어디서 잡아야 할지 갈팡질팡하다 순식간에 하락하게 되면 대응이 힘들다. 순식간에 5~6% 이상 손실을 보는 경우도 허다하니 주의하도록 하자.

보통 X에서 Y 지점까지 상승하면, X 부근 매수자(상승의 시작 구간)들의 차익

실현으로 인한 매도세가 발생해 주가가 Z 구간까지 급락할 수 있다. Y에서 Z 지점으로 떨어질 때도 매수하면 안 된다. 바닥의 신호가 나오지 않았기 때문이다. 즉 Z 지점이 확실한 바닥이라는 것을 확인하고 나서 매수 진입하는 것을 추천한다.

매도 구간은 Y의 가격대에서 절반 이상을 정리해야 한다. 강한 저항이 형성되어 한 번에 뚫고 올라가지 못할 가능성이 크기 때문이다. 현대로템의 경우를 보면 X에서 Y 지점까지 상승한다. 그 후에 주가가 조정기를 거치게 되는데, 얼마나 주가가 하락할지 알 수 없다. 따라서 섣부르게 음봉에서 매매하는 것이 아니라 Z 지점이라고 예측되는 구간에서 십자형 패턴의 캔들이라든지, 짧은 양봉의 출현이라든지 등의 단기 바닥 신호를 보고 진입하는 전략을 취해야 한다.

SNT다이내믹스는 현대로템의 경우보다는 급등락이 심해 보인다. 이는 시가총액의 크기에도 차이가 나긴 한다. X에서 Y 구간에서 상승 시 특징은 강한 거래량의 수반이다. 그리고 나서 주가가 조정을 거치며 Z 구간에서 반등이 일어나는 것을 볼 수 있다.

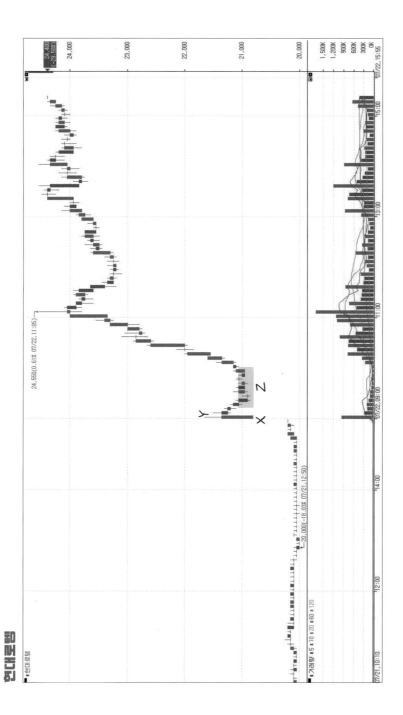

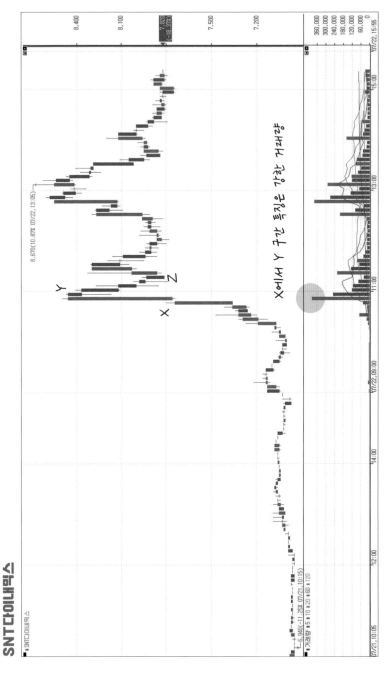

XYZ 패턴은 상승 패턴의 흐름을 보여준다. XY 구간에서는 관망하고 있으며 YZ 구간에서 서서히 주식을 모아가는 것이 키포

인트다. 현대로템은 X 구간에서 Y 구간에서 거래량이 많이 발생하면서 상승했다. 그리고 바로 눌림에 매수하기보다는 X 구간

까지 내려올 수 있다고 추측해 적절히 분할 매수로 접근해야 한다.

86 가성비 단타, 종가 베팅을 알아야 한다

오전 9시부터 오후 6시, 일반적으로 낮에 근무하는 직장인들의 근무 시간이다. 따라서 주식 개장 시간 동안 주식 창을 자유롭게 보는 것은 직장인들에게 쉽지 않은 일이다. 특히 분 단위, 초 단위로 결정되는 단타 매매의 경우 제한요소가 많을 수밖에 없다.

시간은 부족하고, PC에서 HTS 또한 막혀 있는 회사가 많으므로 투자환경 속에서 자연스레 약자가 될 수밖에 없다. 따라서 시간을 확실하게 정해두고, 매매를 하는 것이 탈출구라고 볼 수 있는데 이에 어울리는 매매법이 '종가 매매법'이다.

종가 매매법은 단어 그대로 오늘 하루의 시장 마감 시간(캔들의 종가)에 매수한다는 것이다. 그리고 다음 날 종가 대비 수익권일 때 매도하는 것이 핵심이다. 전일 종가와 다음 날 시가 혹은 장중 가격의 괴리가 존재하기 때문에 가능한 매매 방식이다.

- 거래량이 발생한 종목의 경우 전일 종가와 오늘 시가는 일치하지 않는다.
- 뉴스 및 악재에 비해 과하게 하락했을 경우, 과대낙폭에 대한 반등이 일어날 수 있다.
- 추가 상승 여력이 있어 보이는 경우 매매한다.

이 3개의 조건으로 종가 매매는 효력이 있다. 이런 개요로 종가 매매는 진행되며 3개의 기법을 소개해보려 한다.

- 양봉 종가 매매
- 음봉 종가 매매
- 과대낙폭 종가 매매

종가 매매법 도표를 보면 Day 1(오늘)의 종가에 매수해 Day 2(다음 거래일)에 매도하는 게 목표다. 세부적인 3개 매매 기법은 다음 글에서 알아보도록 하자.

직장인에게 종가 베팅 매매법은 선택이 아닌 필수다. 전일 종가에 매수해 익일 시가 혹은 고가에 매도하는 방법으로 최소한의 시간으로 최대한의 효율을 얻어낼 수 있는 기법이다.

종가 매매법

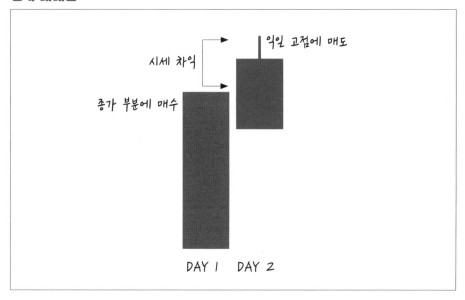

직장인에게 종가 베팅 매매법은 선택이 아닌 필수다. 전일 종가에 매수해 익일 시가 혹은
고가에 매도하는 방법으로 최소한의 시간으로 최대한의 효율을 얻어낼 수 있는 기법이다.

87 양봉 종가 매매법

양종매는 양봉 종가 매매법의 준말로, 양봉(붉은 캔들)의 종가에 매수하는 것을 의미한다. 종가는 주식시장이 마무리될 때의 시점을 이야기하고, 오후 3시 30분이다. 그렇지만 오후 3시 20~29분까지는 장 마감 동시호가 시간대라 주문이 접수만 되고 거래는 되지 않는 시간이다. 따라서 초마다 호가창이 변화하는 바람에 거래하기 쉽지 않을 수 있으므로, 동시호가 접수 이전인 오후 3시 18~19분에 매수하는 것이 용이하다.

그래서 오후 3시 10분 이후 서서히 매수해 나가는 것을 필자는 선호한다. 양봉의 캔들에서 매매하는 이유는 간단하다. 상승하고 있는 종목이 다음 날 더 상승해 차익 실현을 제공할 것이라고 보기 때문이다.

양봉 캔들은 상승추세를 일으킨다. 상승추세 속 매매가 얼마나 중요한지에 대해 앞서 설명한 바 있다. 추세는 보통 유지되려는 힘이 있으므로 상승추세 속 매매하면 추가 상승 가능성이 있다고 보기 때문이다. 그럼 어떤 양봉에 매수하느냐가 관건이겠다.

가급적 윗꼬리가 없는 꽉 찬 양봉에 매수하는 것이 좋다. 꽉 찬 양봉은 그만큼 매수세가 강하다고 볼 수 있으니 더 강한 상승추세를 일으킬 수 있겠다. 또한 이동평균선이 정배열 순을 이루며, 꽉 찬 양봉의 종가가 저항대를 넘어선 모습이면 더 좋다.

매도는 다음 날 시초가에 갭 상승 가능성이 크므로, 수익실현이 가능하다. 생각해보면 매매에 집중한 시간은 전일종가와 익일 시초 시간대밖에 없으므로, 실로 가성비 좋은 매매 방법이다.

씨젠의 차트로 공부해보자. 거의 꽉 차 있는 양봉, 즉 윗꼬리만 살짝 있는 상태의 양봉 종가에 매수한다. 그리고 다음 날 큰 갭을 띄우며 시가를 형성한다. 최고점 매도는 힘들 수 있지만 시가에 매도하더라도 큰 차익을 얻을 수 있다.

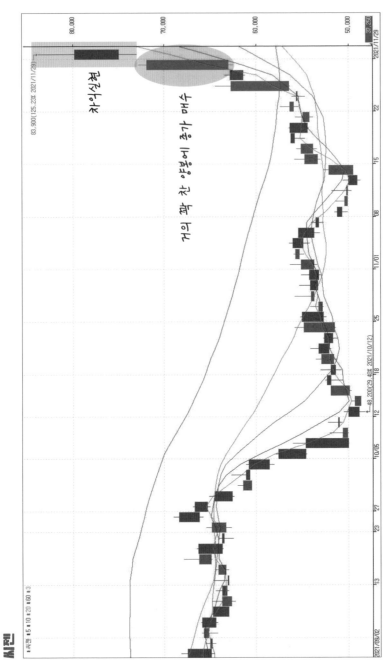

상승추세 속 양봉 종가에 매수해 다음 날 시세차익을 실현하는 방법이다. 양봉이 모습은 윗꼬리가 최대한 없고 몸통이 꽉 찬

형태일수록 좋다.

1페이지 주가차트

88 ─ 돌파 종가 매매법

돌파 종가 매매법은 상당히 공격적인 매매 기법이다. 그렇다 보니 하락장에서도 전혀 문제없는 기법이다. 보통 주식이 더 오르지 못하는 주요한 이유는 가격 저항선이 존재하기 때문이다. 저항선은 적정 주가보다 훨씬 높이 올랐기 때문에 발생하는 일도 있지만, 당연히 기존에 보유하고 있던 매물대가 저항의 주요 원인이다. 그래서 저항대가 존재하면 주가가 더 상승하기 어려운 것이 당연하다. 저항대를 뚫기 위해서는 많은 수급이 존재해야 하기 때문이다.

그런데 보통 저항대가 없는 지점은 주가가 고가의 위치할 때가 많다. 따라서 이번에 소개할 종가 매매 방법은 저항대를 완전히 뚫었다고 판단한 양봉 상태에서 종가 베팅을 하는 것이다. 다만 저항대를 뚫은 양봉일 때, 거래량을 반드시 수반한 양봉이어야 한다는 점을 명심해야 한다. 거래량 없는 양봉은 속임수일 가능성이 크다.

TJ미디어 차트를 보면 저항대를 계속 돌파하지 못하고 저항이 생겨 윗꼬리만 자꾸 생성하는 것을 볼 수 있다. 상승하려고 하면 기존에 높이 매수했던 투자자들이 판매하려는 심리가 강해져 못 뚫었던 것이다. 이때 매수해봤자 크게 이익을 얻을 수는 없다.

하지만 저항대를 뚫고 난 뒤, 거래량이 수반된 양봉에 종가 베팅했다면 그 뒤로는 시원하게 오름을 볼 수 있다. 따라서 종가 베팅 자리는 동그라미 부분처럼, 거래량이 실리며 저항 구간을 돌파해준 양봉에서 수행한다.

다만 주의해야 할 사항을 짚고 넘어가자. 동그라미 표시에 양봉이 저항대를 뚫어준 것처럼 보이지만, 그 뒤로 추가 상승하지 못하고 떨어짐을 볼 수 있다. 바로 거래량이 부족하기 때문이다. 충분한 거래량이 수반되었는지를 살펴보아야 한다.

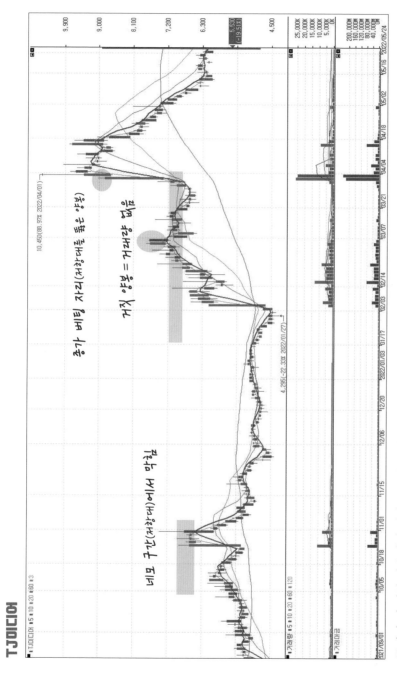

주가가 더 이상 상승하기 어려운 구간을 저항대로 본다. 저항대를 돌파 또는 양봉이 발생할 때, 종가 매매 대상이다. 해당 매매는 양봉 발생 시 거래량이 많으면 많을수록 성공률이 높다.

89 음봉
종가 매매법

음봉 종가 매매법은 일봉상 음봉 모습을 띠고 있는 종가에 매수해 익일 수익을 실현하는 것이다. 다음에 소개할 과대낙폭 종가 매매와 방법은 분명 다르지만, 공통점은 음봉에 종가 매수한다는 것이다.

상승추세에서 매매하는 양봉 종가 매매법보다는 하락추세에서 매매하는 음봉 종가 매매 기법이 보수적이고 안정적인 매수 기법이 될 수 있다. 상승추세 속에서 매수하다 보면 고점에서 매수하는 경우가 존재하기 때문에 당연히 주식을 저렴하게 매수하는 것이 안정적이기 때문이다.

음봉 종가 매매 기법의 패턴은 다음과 같다.

- 이동평균선상 정배열이며 상승추세의 종목을 선정한다.
- 주가를 밤새 홀딩해야 하므로 재무적으로 건전한지를 본다. 시가총액은

1조 원 미만의 중·소형주로 선정한다.
- 주가가 상승한 만큼 하락하기를 기다린다.
- 조정 구간을 가지면서 이동평균선 5일선을 이탈하는 모습을 본다.
- 5일선을 이탈했을 때, 음봉 모습에 종가 매수한다.

주가가 조정기를 거치는 이유가 악재가 발생한 것이라면 무조건 패스해야 하니 주의하자. 악재 발생 여부는 인터넷 검색 또는 전자공시(Dart)에 검색하면 금세 나오므로 꼭 찾아봐야 한다.

해당 매매에서 실패 사례도 분명 존재하는데, 그럴 때는 매수한 음봉 캔들의 최저가를 손절가로 잡아야 한다. 그 구간을 이탈한다면 얼마나 더 떨어질지 예측이 안 되기 때문이다.

결국 단기 매매의 핵심은 매수가 아니라 손절이다. 늘 수익을 본다는 자만심을 내려놓고 언제든 손실 가능성을 염두에 두어야 매매 기법이 한층 더 높은 완성도를 자랑할 것이다.

경방의 차트가 좋은 예시다. 주가가 이동평균선상 정배열이고 상승추세를 보이고 있다. 특별한 악재 없이 하락하고 이동평균선 5일선을 지지하지 못하고 이탈한다. 그리고 발생한 음봉에 종가 매수한다. 차후에 급등분을 수익실현 하는 것이 목표다.

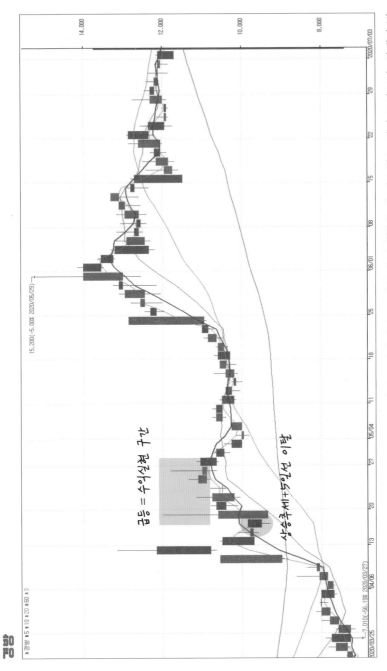

상승추세(정배열) 종목을 먼저 선정한다. 그다음 5일선을 이탈해 음봉 캔들이 음봉 캔들이 발생했을 때 매수하는 것이 포인트다. 악재가 발

생한 것이 아니라면 다시 상승추세로 원복하기 위해 주가가 상승할 가능성이 크다.

90 과대낙폭 종가 매매법

💬 '과하게 떨어졌다'라는 표현의 의미는 기업가치가 손상되거나 하락되지 않았다는 전제하에 주가가 많이 하락했다는 뜻이다. 기업가치가 손상되려면 재무적으로 손실이 크거나, 신규사업 수주에 실패하거나, 대표이사에게 문제가 있거나 등의 이슈가 있어야 한다. 만약 이런 이슈 없이 과하게 떨어진다면, 그 종목은 과대낙폭 매매의 대상이 된다.

일반적으로 이렇게 과하게 하락한 날 다음 날에는 주가가 회복되려고 하는 성질이 있다. 이러한 패턴을 이용한 매매 기법이 과대낙폭 종가 매매법이다. 그렇다면 얼마만큼 떨어져야 과대낙폭으로 받아들이고 매매에 참여할까?

필자의 경험상 2~3일 이상 연속해 음봉(5% 이상)이 나오면 과대낙폭 되었다고 생각한다. 즉 2~3일 동안 10~15%가 하락한다면 과하게 떨어졌다고 판단하는 것이다. 대략 그 정도의 기간과 낙폭이면, 신용 또는 미수로 보유하고 있던 물량들은 손절했을 것이고, 악재가 발생해 주가가 하락한 것이라 해도 이미 그 영향성이 반영되었을 기간이라고 판단한다.

해당 매매는 큰 수익(10% 이상)을 기대하는 매매는 아니다. 종가 매매 특성이 시간이 부족한 일반인들도 가성비 있게 매매하자는 취지다. 시중은행 연 적금이자 2% 시대에 1~2일 만에 수익을 낸다는 걸 생각해보면 엄청나게 회전율이 좋은 매매 기법임을 알 수 있다.

포스코엠텍의 경우 2일간 5% 이상 음봉이 연이어 발생했고, 그 음봉의 종가에 매수를 진행한다. 여기서 5% 이상 음봉이 나오지 않는다면 따로 카운트하지 않기로 한다. 중요한 것은 연속해서 장대음봉이 나오는 점이다. 두 번째 음봉에 종가에 매수해 다음 날 양봉에 매도한다. 포스코엠텍 분봉차트를 보면 6/24 종가에 매수해 다음 날 2~3% 이상 수익을 실현할 수 있음이 확인된다.

종가 매매는 투자하는 시간은 매우 짧지만, 기간 대비 큰 수익을 얻을 수 있으므로 직장인에게 매우 적합한 매매법이다.

하루에 5% 이상, 2~3일 동안 지속해서 하락하는 음봉이 나오면 과대매도 되었다고 생각한다. 즉 2~3일 동안 10~15%가 하락한다면 과하게 과하게 떨어졌다고 판단해 기술적 반등을 노리고 매매하는 방법이다.

포스코홀딩스

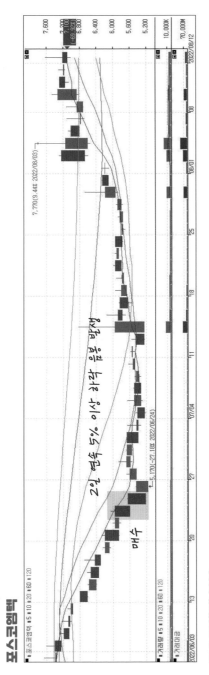

포스코홀딩스 분봉

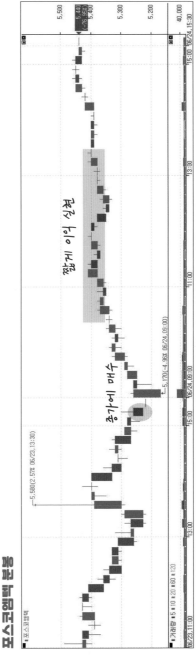

10번의 승리도 1번의 실패로 무너질 수 있다. 이는 리스크가 전혀 관리되지 않은 매매를 했을 때 나타나는 현상이다. 초보 투자자들은 늘 거대한 수익을 얻을 것이라는 희망을 품은 채 매매에 참여한다. 하지만 예기치 못한 위험에 큰 피해를 입고 주식시장을 떠나는 자들을 수없이 봐왔다. 이는 리스크가 전혀 관리되지 않았기 때문이다. 이번 챕터에서는 리스크 관리를 어떤 식으로 하면 좋을지 소개해보려 한다.

CHAPTER 10

수익보다 리스크 관리가
중요하다

91 뉴스를 확인하고 들어가야 한다

앞서 눌림 매매의 핵심은 음봉에 매수하는 것이라고 소개했다. 주가를 상대적으로 저렴하게 살 기회가 될 수 있기 때문이다. 하지만 음봉은 보통 2가지 사례에 발생함을 알아두어야 한다.

① 상승추세 속 더 큰 도약을 위한 조정기(악재 발생 없음)
② 악재가 발생해 20~30% 이상 하락 폭 발생

전자라면 매수에 적극적으로 참여하는 게 맞으며 문제가 될 것이 없다. 하지만 후자의 사례라면 무조건 회피하는 것을 추천한다.

보통은 악재가 발생한 종목은 기술적인 반등이 잘 나오지 않는다. 그 이유는 기업가치가 훼손되거나 상승요인이 전부 다 사라졌기 때문이다. 심지어 상승추세 속의 종목이라도 그 추세가 전부 무너질 수도 있어서 조심해야 한다.

악재는 보통 어떤 종목들에서 나타날까? 어닝서프라이즈(엄청 좋은 실적을 나타낸 경우) 회사에서 악재는 잘 나타나지 않는다. 회사의 실적은 안 좋지만, 정치적인 테마에 엮여 상승하거나 뜬구름 잡는 테마 같은 종목들에서나 악재가 주로 발생한다. 이렇게 건전하지 못하고 자극적인 테마로 상승한 종목에서 매매하더라도 몇 가지 주의사항을 기준으로 잡고 매매하면 괜찮다.

- 허황한 테마로 오른 종목을 오버나이트(Overnight, 장 마감까지 홀딩)하지 않는 것이 좋다.
- 장 마감 이후 발생한 악재가 있을 시, 다음 날 시초 가격 형성이 −10% 밑에서 시작하는 때도 허다하므로 손절이 의미가 없어진다.
- 악재로 발생한 음봉의 종목을 지지선에서 매수하지 않는다.

호재에 관한 반박 기사, 사실무근 등의 주가 하락에 영향을 주는 악재가 발생했을 때, 차트상 지지선 부근에 주가가 도달했다 해도 매수하지 않는다. 반등이 일어나지 않고 더 깊은 하락을 하는 경우가 많다.

써니전자의 경우 유명한 정치인의 테마 관련주로서 움직이고는 한다. 악재가 발생하면 주가가 그림과 같이 이렇다 할 반등 없이 계속해서 하락한다. 따라서 악재 발생 시 추가 매수로 지속해서 매집해 나가기보다는 손실을 보더라도 초기에 끊어내는 것이 현명하다.

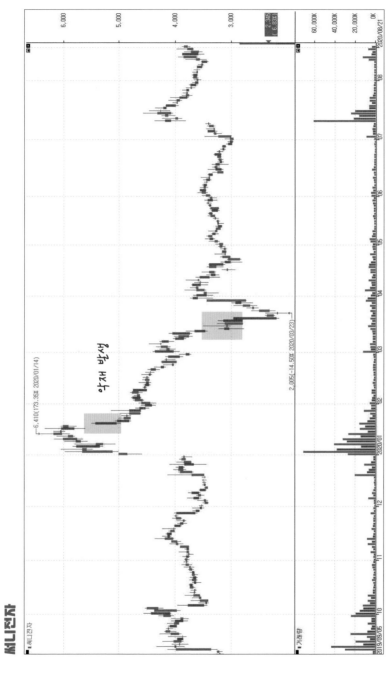

차트 매매의 기본 전제는 기업가치가 훼손되지 않았을 때다. 악재 뉴스가 발생(서실무근 등)했을 때는 반등이 잘 나오지 않는다.
오히려 더 하락할 가능성이 크다.

92 떨어지는 놈이 더 떨어지는 법이다

"오르는 놈이 더 오른다." "떨어지는 놈이 더 떨어진다."라는 말은 주식 시장에도 적용할 수 있다. 일반적으로 우리는 주식이 하락하면 더 저렴하게 살 기회로 여겨오며 선호해왔다. 왜냐면 주식을 저렴하게 매수하고 고점에서 매도 하라는 식의 주식투자법을 배워왔기 때문이다.

하지만 저렴하게 매수하라는 것은 하락추세의 종목을 매수하라는 것과는 다르다. 더 오를 종목을 저렴하게 매수하는 것과 단순히 가격대가 싼 종목을 사 는 것은 다르다. 하락추세란 이동평균선상 역배열에 있는 상태다. 그리고 현재 가격대가 최근 몇 개월간 제일 저렴한 수준이라면 하락추세에 있는 종목이라 고 본다. 이런 종목을 자칫 단순하게 '저렴하다'라며 매수했다가는 큰코다칠 수 도 있다.

따라서 필자는 하락추세가 멈추는 신호들을 확실하게 보고 접근하는 것이 맞다고 생각한다. 하락추세가 멈추는 신호들은 다음과 같다.

- 이동평균선 간 이격도가 줄어들었을 때(즉 단기·장기 이동평균선이 가까워졌을 때)
- 캔들이 거래량과 함께 단기 이동평균선을 넘어 주었을 때(5일선·10일선)

이런 움직임이 보이면 하락추세가 마감될 가능성이 상당히 크다고 볼 수 있다. 또한 하락추세의 종목을 매수하더라도 절대로 추가 매수는 하지 않는 것이 좋다. 흔히 물타기(추가 매입해 평균단가를 낮추는 전략)라고 하는데 자칫하면 포트폴리오의 비중 조절 실패로 큰 손실을 볼 수 있다.

삼성엔지니어링 차트를 보자. 이런 종목은 단기 매매자들에게 매매해 수익을 볼 수 있는 구간이 충분히 보이나 만약 장기투자자라면 끝없는 하락에 괴로워할 모습이 눈에 선하다. 주가가 3~4년간 하락해 14만 원이나 하던 종목이 2만 원대로 하락했다.

이렇듯 하락추세의 종목을 저점이라며 섣부르게 잡았다가는 큰 손실을 볼 수 있다. 확실하게 바닥 신호를 보고 진입해야 한다.

삼성엔지니어링

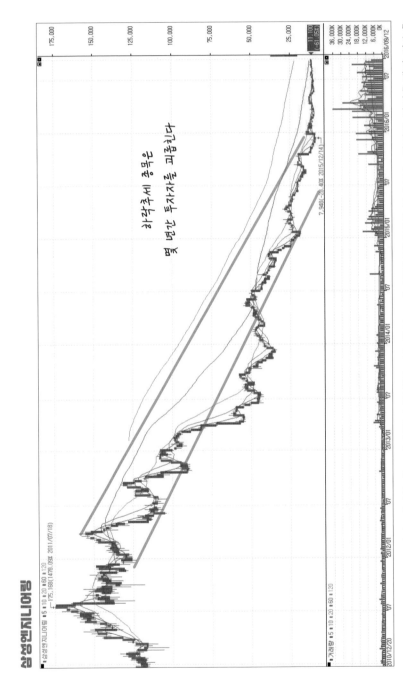

하락추세 종목은

몇 년간 투자자를 괴롭힌다

추세는 곧 차트의 흐름이다. 하락추세는 계속해서 하락할 가능성이 크다. 가장 저렴하게 매수하는 방법은 하락추세가 상승추세로 확실하게 돌아섰을 때다.

1페이지 주가차트

93 광기의 종목은 피해서 매매하자

정상적인 종목이라면 상승과 하락을 반복하며 서서히 추세가 이동해 가기 마련이다. 이러한 종목 속에서 우리는 눌림 매매, 돌파 매매, 스윙 매매, 보조지표 매매 등 다양한 기법을 활용해 매매하는 것이다. 즉 여기서 우리가 잡는 기준은 정상적인 종목이라는 전제를 하고 있다. 이러한 기준에 벗어나는 종목이 바로 '광기의 종목'이다.

주식에서 '연상'이라고 부르는데 '연달아 상한가'에 가는 것을 의미한다. 한 달도 채 되지 않아 주가가 몇 배 상승하는 경우가 종종 있는데, 이렇게 광기(狂氣)를 보여주는 종목은 브레이크 버튼이 고장 난 스포츠카에 타고 달리는 꼴과 비슷하다. 기존 보유자들 외에는 그 누구도 웃기 힘든 종목이다.

보통 이런 종목에 진입할 때 이렇게 생각한다. '이제껏 몇 배나 올랐는데 한 10% 정도만 더 오르면 팔아야지.' 이런 생각으로 진입하면 신기하리만치 그 지점이 최고점이 되어 하락을 시작하는 경우가 많다. 한번 하락추세를 시작하고 나면 지지 구간이나 이동평균선 같은 것들은 무용해진다. 아무런 의미 없이 계속해서 하락하게 된다. 반등이 일어날 때도 있으나 그러한 리스크를 지니고 매매할 만큼 안정적이지 않고, 어느 구간에서 정확한 반등이 일어날지 예측할 수 없다.

HLB바이오스텝 차트를 보면 무상증자 관련해 주가가 1달 만에 몇 배가 상승했다. 하지만 그 뒤로 계속해서 하락하더니, 결국 상승 이전의 위치까지 떨어져버렸다. 고점 대비 재산의 80%가 사라질 수 있는 위험한 종목이었다.

공구우먼의 종목도 무상증자 관련해 불과 2주 안에 주가가 4배 이상 상승할 정도로 광기의 상승을 했다. 그리고 주가가 다시 80%나 하락했다. 이렇게 미친 듯이 상승했던 종목은 이후 하락에서 지지와 저항도 아무 소용이 없다.

1페이지 주가차트

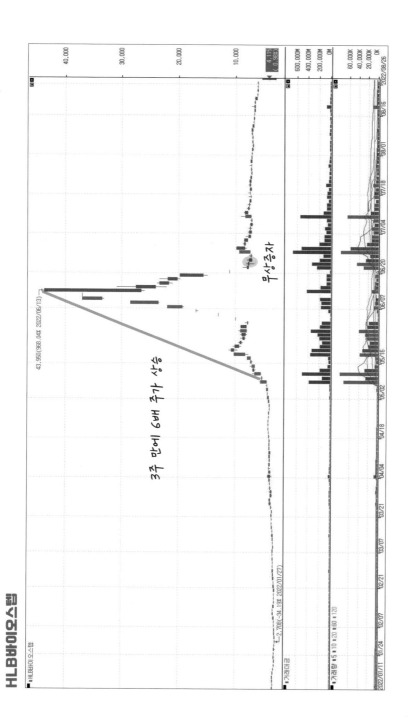

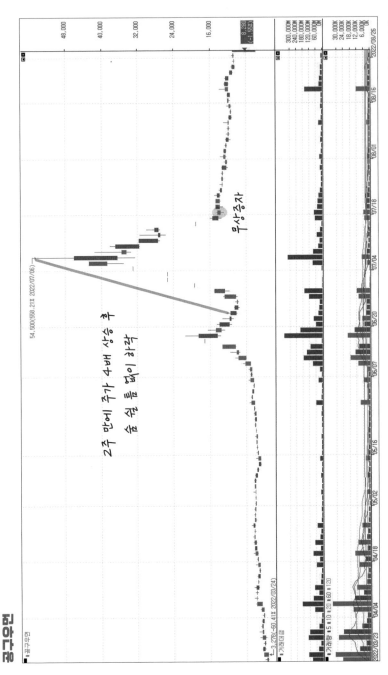

추세는 곧 차트의 흐름이다. 하락추세는 계속해서 하락할 가능성이 크다. 가장 저렴하게 매수하는 방법은 하락추세가 상승추

세로 확실하게 돌아섰을 때다.

94 감사보고서 제출 여부를 확인하자

기술적인 매매도 결국은 주식시장에서 거래가 가능할 때나 할 수 있다. 거래정지는 주식투자를 하는 모두에게 최악의 사례다. 거래정지가 재개되는 확률보다 상장폐지나 그에 상응하는 악재로 변화될 가능성이 크기 때문이다. 거래정지가 되는 유형은 크게 2개다.

① 대표이사의 횡령 등 비정기적인 사례
② 감사보고서와 관련된 정기적인 사례

1번에 해당하는 경우는 재무제표가 좋고 기업경영을 잘하고 있다 하더라도 경영자의 도덕적 해이로 발생하는 일이 비일비재하므로 실제 예측하기가 불가능에 가깝다고 본다. 하지만 2번의 경우는 우리가 예측해 피해갈 수 있는 위험이다.

    대부분 상장사는 3월 말까지 회계기간의 감사보고서를 제출해야 할 의무가 있다. 감사보고서에서 비적정(의견거절, 부적정, 한정) 의견을 받게 되면 상장폐지가 발생하게 된다. 한마디로 내 돈이 휴짓조각보다도 못한 게 되어버리는 것이다. 감사보고서 제출에 문제가 발생할 수 있는 회사들은 일반적으로 다음과 같은 경우다.

- 관리종목
- 투자주의 환기종목
- 적자 지속 종목

    이런 종목들은 사실 감사보고서 시즌이 아니어도 필터링해야 하는 종목이기는 하다. 하지만 상장폐지는 최악 중의 최악이므로, 감사 시즌에는 조심하도록 하자. 대한민국 대표 기업공시채널(www.kind.krx.co.kr)에 접속하면 감사보

코스피 감사보고서 미제출 현황

감사보고서제출기한	회사명	종목코드	결산월	정기주총일	감사보고서제출
2022-03-18	세종공업	033530	12	2022-03-28	미제출
2022-03-21	JW생명과학	234080	12	2022-03-29	미제출
2022-03-21	JW홀딩스	096760	12	2022-03-29	미제출
2022-03-21	화승코퍼레이션	013520	12	2022-03-29	미제출
2022-03-22	KR모터스	000040	12	2022-03-30	미제출
2022-03-22	남성	004270	12	2022-03-30	미제출
2022-03-22	콤텍시스템	031820	12	2022-03-30	미제출
2022-03-22	한국전자홀딩스	006200	12	2022-03-30	미제출
2022-03-23	계양전기	012200	12	2022-03-31	미제출
2022-03-23	비케이탑스	030790	12	2022-03-31	미제출
2022-03-23	성문전자	014910	12	2022-03-31	미제출
2022-03-23	세우글로벌	013000	12	2022-03-31	미제출

고서 제출 여부를 확인할 수 있다.

코스피 감사보고서 미제출 현황을 보면 제출 기한 내에 감사보고서 제출하지 못한 회사는 무언가 이유가 있는 경우다.

비케이탑스 차트는 거래정지 되었기 때문에 아무 움직임도 없다. 재무제표를 보더라도 이익은 나지도 않고 손실만 계속됐던 회사다. 이런 회사들은 재무제표만 잘 보더라도, 관리종목인지 환기종목인지 여부만 확인하더라도 사전에 피해갈 수 있다. 거래정지에서 이어지는 상장폐지는 손절도 못하는 경우이므로 꼭 주의하자.

비케이탑스의 차트 및 재무제표

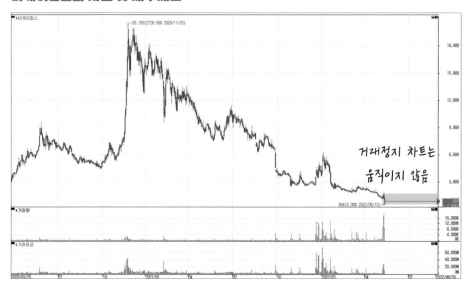

주요재무정보	연간				분기			
	2019/12 (IFRS별도)	2020/12 (IFRS연결)	2021/12 (IFRS연결)	2022/12(E) (IFRS연결)	2021/12 (IFRS연결)	2022/03 (IFRS연결)	2022/06 (IFRS연결)	2022/09(E) (IFRS연결)
매출액	116	99	248		119	134	58	
영업이익	-37	-34	-103		-33	4	-46	
영업이익(발표기준)	-37	-34	-103		-33	4	-46	
세전계속사업이익	-231	-456	-342		-120	13	-83	
당기순이익	-370	-490	-342		-120	13	-83	
당기순이익(지배)	-370	-490	-342		-120	13	-83	
당기순이익(비지배)								

매년 3월, 상장사는 감사보고서를 제출해야 한다. 이에 제출이 늦어지거나 적정하지 못하다는 판단을 받으면 심각한 악재로 판단되어 주가 하락은 물론, 거래정지까지 갈 수 있으니 주의하자.

95 동전주는 피하자

주식시장에는 주당 가격이 1천 원 미만인 회사들이 있다. 1천 원 미만, 즉 지폐가 아닌 동전 가격대이므로 '동전주'라고 부른다. '주당 가격이 저렴하면 좋지 않을까?'라고 생각할 수 있다. 왜냐면 주당 가격이 몇십만 원, 몇백만 원 하면 조그마한 등락률에도 금액 영향을 크게 받기 때문이다. 틀린 말은 아니다. 하지만 그렇다고 해서 주당 가격이 너무 저렴해도 좋지는 않을 수 있다. 반드시 그렇다는 것은 아니지만, 잘 알아보고 투자하길 권장한다.

일반적으로 주당 가격이 저렴한 동전주는 아래와 같은 이슈가 있을 가능성이 있다.

1) 주식 수가 많은 경우

주식 수가 너무 많다는 것은 그만큼 가치가 낮다는 것이다. 흔히 화폐가 많이 발행되면 될수록 돈의 가치가 떨어진다는 이야기가 있다. 주식도 마찬가지다. 시장에 유통되는 주식 수가 너무 많으면, 주식의 가치가 낮아져 주가가 상승하기 힘들다. 또 유상증자를 기존에 많이 발행한 회사일 수 있으므로 주가 관리가 전혀 안 되고 있을 가능성도 있다.

2) 재무적으로 악화했을 가능성

동전주는 주당 가격이 낮고, 그 이유는 보통은 주식 수가 많거나 혹은 그만큼 가치가 떨어져서다. 가치가 낮다는 것은 그만큼 회사가 영업적인 성과가 뚜렷하게 보이지 않아서일 것이다. 결국 최고의 테마는 영업실적이라는 이야기가 있듯이, 결국 회사는 영업으로 돈을 벌어야 한다. 그래야 투자 가치가 있다. 하지만 동전주는 재무적으로 악화했을 가능성이 아주 크다.

이런 이유만으로도 동전주를 피해야 할 조건은 충족된다. 반드시 피하자는 것은 아니고, 돌다리도 두들겨 보는 습관을 지니자는 것이다. 틈만 나면 증자를 하는 회사는 아닌지, 재무 실적에서 적자가 지속되는 회사는 아닌지 정도 확인하는 것은 선택이 아니라 필수다.

성안은 영업손실이 계속해서 나던 회사다. 그렇기 때문에 과거 2천~3천 원 하던 종목이 1천 원 밑에 동전주가 되었고, 한순간 거래정지가 되었다.

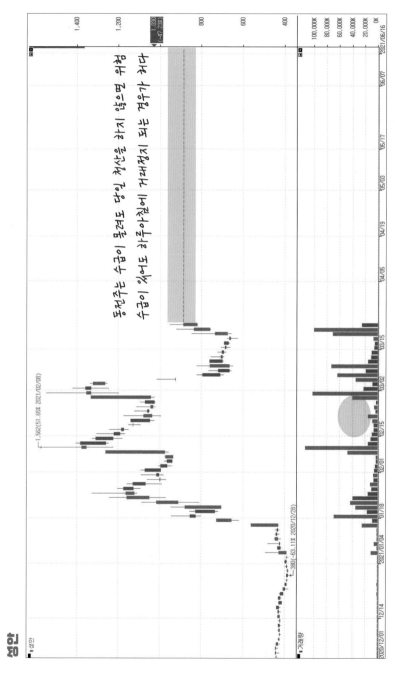

동전주는 수급이 물려도 당일 채산을 맞지 않으며 위험 수급이 있어도 하루아침에 거래정지 또는 정우가 거치다

동전주는 주당 가격이 1천 원 미만의 주식을 뜻한다. 유통주식 수가 많거나 기업의 영업·재무적 가치가 낮아 주식가격이 낮을 때가 일반적이다. 이런 종목까지 굳이 나서서 기술적 매매를 하는 것은 삼가길 바란다.

1PAGE
주가차트

초판 1쇄 발행 2023년 6월 13일
초판 4쇄 발행 2023년 9월 4일

지은이 | 주월
펴낸곳 | 원앤원북스
펴낸이 | 오운영
경영총괄 | 박종명
편집 | 최윤정 김형욱 이광민 김슬기
디자인 | 윤지예 이영재
마케팅 | 문준영 이지은 박미애
디지털콘텐츠 | 안태정
등록번호 | 제2018-000146호(2018년 1월 23일)
주소 | 04091 서울시 마포구 토정로 222 한국출판콘텐츠센터 319호 (신수동)
전화 | (02)719-7735   팩스 (02)719-7736
이메일 | onobooks2018@naver.com   블로그 | blog.naver.com/onobooks2018
값 | 20,000원
ISBN | 979-11-7043-411-5 03320